집만큼
위험한 곳이 없다

집만큼
위험한
곳이
없다

김동현 지음

나를 확장시키는 제3의 공간을 찾아라!

북스토리

프롤로그

　　　　　작년 2월 한 달을 평창동계올림픽 자원봉사자로 강릉선수촌 플라자에서 근무하게 되어, 숙소인 강원대학교 삼척캠퍼스 기숙사에 묵고 한 시간 거리의 강릉과 삼척을 오가면서 보냈다. 회사일로 1~2주 해외 출장을 다녀보긴 했어도 집에서 멀리 떨어진 어딘가에서 한 달을 묵어본 경우는 처음이었다. 자원봉사자로서 모든 일정을 마치고 2월 말 숙소를 나와 삼척 시외버스 터미널에서 출발하는 고속버스에 올랐다.

　서울로 오는 버스 안에서 뭔가 기분이 묘했다. 한 달간 동해안에 머무르면서 바라보는 동해바다는 과거에 여름휴가차 갔다가 잠깐씩 머물며 바라보는 그것과는 아주 달랐다. 삼척시도 머무는 동안 여기저기 다니다 보니 서울 대도시와는 아주 다른 정서를 느낄 수 있었다. 조용하고 바쁠 게 없는 작고 아담한 도시의 분위기와 걸어서 닿을 수 있는 동해바다, 그리고 죽서루 같은 명소가 있는 곳. 한 달간 머무는 동안 동해바다와 삼척이 내 마음으로 들어왔다. 그 한 달의 경험이 나로 하여금 공간과 장소에 대해 좀 더 깊게 생각하게 하는 계기가 되었다.

한 달이 물론 아주 긴 기간은 아니지만 '그곳에서 산다면'이라는 가정이 가능할 만큼의 느낌을 가져볼 만한 기간이다. 다르게 살아보는 가장 손쉬운 방법은 자신이 사는 공간과 장소를 바꿔보는 게 아닐까. 사람이 존재한다는 것은 사람이 딛고 있는 물리적인 장소와 공간이 있다는 이야기다. 어느 장소와 공간에서 주로 시간을 보내는가가 그 사람 인생의 색깔과 결을 말해준다.

사람은 존재하는 장소와 공간으로부터 영향을 받는다. 어느 한곳에 고정되어 존재하는 것보다 다양한 공간에서 활동하고 경험하는 것은 그 사람 인생의 폭과 깊이가 확장하고 있다는 뜻이기도 하다. 그리고 빨강-노랑을 섞으면 주황, 노랑-파랑을 섞으면 초록, 파랑-빨강을 섞으면 보라색이 되듯이 여러 장소를 경험한다는 것은 새로운 나를 만드는 일이기도 하다. 달리 살아보는 장소와 공간은 기존에 살았던 주 무대였던 장소와 단지 일대일로 알거나 이해하는 것을 넘어서서 생각과 관점의 흔들기를 통해 새로운 샛길이 보이는 것 같은 창의성으로 연결되기도 한다.

살아 있다는 것은 맥박이 뛰는 것처럼 내딛는 한 걸음 한 걸음으로 상징된다. 장소와 공간이라는 주제에서 더 나아가 그 한 걸음이라는 의미를 이 책에 담았다. 모든 것을 한꺼번에 아우르고 마치 광속의 속도를 가진 슈퍼맨처럼 살아야 할 것 같은 이 세상에서 어떻게 생각과 행동의 가늠자를 조정하며 살아가야 할지 단초와 기준점을 제시하고 그것을 생각해보는 계기가 되었으면 좋겠다.

내 생애 첫 책이 나오고 2년 반이 지나서 두 번째 책을 세상에 내놓는다. 재작년은 건강 문제로 힘든 해를 보냈다. 그렇게 한 해를 보내다 보니 뭔가를 할 수 있는 오늘이라는 시간이 더욱더 사랑스럽다. 지금 읽고 쓰고 말하는 일을 할 수 있다는 게 너무 신기하다. 마지막으로, 생애 두 번째 책을 쓰고 출판하는 데 많은 도움과 조언을 준 분들께 감사를 표하고 싶다. 무엇보다 묵묵히 지원을 아끼지 않는 아내에게 감사하다. 그리고 춘천에 글 쓰러 가겠냐고 하면 하시라도 응해준 심광봉 친구에게 역시 고마움을 표하고 싶다. 또 지금 살고 있는 관악구가 전국에서 독서진작을 위해 도서관 인프라가 가장 잘 되어 있는 지역 중의 하나다. 필요할 때 수월하게 도서를 대출해서 보기도 하고 조용하게 글

쓰고 싶을 때 이용했던 관악구 내 작은 도서관들에 감사하고 싶다. 그리고 춘천에 있을 때 자주 이용했던 춘천시립도서관, 너무 쾌적하고 매력적인 공간이다. 춘천시립도서관에도 감사를 드린다.

Contents

6장

/

운은
'한 걸음 더'를
타고 온다

7장

/

나를
살리는
한 공간

1장

흔들리지 않고
피는 꽃이
어디 있으랴

15세기 아시아와 유럽은 어떻게 교차했나

15세기 전까지는 부와 경제력의 비중이 아시아와 유럽 간에 80 대 20이었다고 한다. 15세기를 거치면서 역전이 일어나기 시작했다. 그렇다면 어떻게 두 대륙 간에 부와 주도권의 교차가 일어났는가?

15세기 두 대륙은 흔들기를 시도했다. 그러나 그 과정과 결말은 달랐다. 명나라는 정화 제독 휘하에 3백 척에 3만 명의 인원이 동원된 대규모 선단으로 1405년부터 1433년까지 7차례에 걸쳐 동남아는 물론이고 페르시아, 동아프리카까지 원정을 나갔다.

그로부터 59년 뒤인 1492년 콜럼버스는 아메리카 신대륙을 발견한다. 이후 유럽은 대항해시대를 열고 세계 곳곳을 누비면서 식민지 확장을 해나간다. 식민지 개척을 위해 군대만 보낸 것이 아니라 지리학자, 고고학자, 동물학자 등 과학자들을 같이 보내어 그 지역의 역사, 지리, 생물을 연구하게 한다. 우리가 잘 아는 찰스 다윈Charles Darwin의 『종의 기원』이란 발견도 이런 맥락에서 가능했다. 과학기술이 발전하면서 영국의 산업혁명으로 이어지고 근대산업사회로 나아가게 된다.

그에 반해 명나라는 1430년대 중반에 베이징의 지배 권력이 바뀌면서 아프리카까지 뻗어나갔던 정화 제독 해외원정대를 없던 것으로 해체한다. 명나라는 확장 또는 흔들기를 멈추고 모든 초점을 다시 안방으로 거둬들였다. 이 정도 규모의 선단으로 신대륙 탐험을 작정하고 동쪽으로 항해를 시도했다면 중국이 먼저 신대륙을 발견했을 수도 있었을 것이다.

그러나 중국의 해외원정은 서양의 항로개척 목적과는 다르게 단지 명나라의 위상을 전 세계에 알리고 그들로 하여금 조공을 바치게 할 의도였다. 한마디로 세계 이곳저곳을 폼 잡으러 다닌 것이다. 어쨌든 그들은 다시 자신들의 중원싸움에만 매달리게 된다.

결국 제자리걸음에 머문 중국은 세월이 흘러 그 대가를 톡톡히 치르게 된다. 16~18세기 동안 식민지 개척을 통해 영토 확장과 국가적 부를 키우고 산업혁명을 통해 비약적인 과학기술의 발전으로 무장한 서구열강의 거센 기세를 피해갈 수 없었다. 영국과의 치욕적인 아편전쟁을 겪게 되고 일본에 의해 침탈을 당한다. 그렇게 오랜 굴욕의 역사 터널을 지나게 된다.

우리나라는 어떠한가? 우리나라는 동쪽 끝 모퉁이에 더욱 찌그러져 있었다. 임진왜란, 병자호란 등의 외세 침략을 받으며 수십만의 백성들은 도륙당하고 수많은 민초들이 처절하게 고초를 겪었다. 왕들과 사대부들은 자신들의 기득권과 권력 유지에만 혈안이 되어 나라의 안위와 백성들의 삶은 뒷전이었다. 지배자의 권력 유지 및 강화에 매달리고 피지배자의 복종적 윤리인 유교를 조선사회에 덧씌워 어떠한 모색과 전환의 가능성도 싹을 잘라버리고 역동성이 살아 숨 쉴 수 있는 여지를 철저하게 배제했다. 외세의 누군가가 건드려도 속수무책인 조용한 아침의 나라에 머물렀다. 더 나아가서 국내문제를 해결하기 위해 오히려 외세를 불러들인다.

탐관오리의 가렴주구苛斂誅求와 수탈收奪에 저항해 19세기 말 동학농민운동이 일어났을 때, 그 기세와 위력에 깜짝 놀라 급기야는 자신들의 뿌리인 백성과 민초들을 진압하기 위해 청나라와 일본의 외세를 끌어들인다. 나라의 부실함과 허약함을 그대로 드러냈다. 결국 치욕의 역사

속에 한일합방이란 수모의 방점을 찍었다.

떠올리기 싫지만 엄연히 우리가 겪은 역사이다. 어려서 학교 다녔을 때 우리나라는 한 번도 외침外侵을 해본 적이 없는 흰색 옷을 즐겨 입던 순수하고 심성 곧은 민족성을 가진 나라였다는 이야기를 선생님으로부터 들으며 자랐다. 과거 우리나라의 취약성과 부실함을 에둘러서 그럴 듯하게 포장하려는 억지 춘향 같은 이야기다.

20세기 후반부터는 아시아가 개방을 수용하고 적극적으로 흔듦을 시도함으로써 세계의 주도권이 다시 아시아로 이전하고 있다. 중국이 오랜 암흑의 역사 터널을 지나 개방과 산업화의 기치를 내세워 미국에 이은 세계 2위의 경제대국으로 부상했고 우리나라는 세계에서 산업화와 민주화를 동시에 이룬 유일한 국가로 자리매김했다.

우리나라는 1960년대만 해도 아프리카 국가, 가나보다도 GNP가 낮았던 빈국의 위치에서 지금은 세계 13위의 경제대국으로 그 지위가 엄청나게 격상했다. 베트남을 비롯한 동남아 국가들도 우리나라를 벤치마킹하며 국가적 부흥과 도약의 흐름으로 나아가려 박차를 가하고 있다. 이러한 역사의 반전과 교차 속에서 국가뿐 아니라 우리 개인들에게도 곱씹어야 할 교훈이 분명히 있다.

세상은 기울기로 돌아간다

지구의 표면, 즉 우리가 사는 이 세상의 물리적인 생김새에는 굴곡이 있다. 지형적으로 솟아오른 산이 있고 그 산들은 또 켜켜이 이어지는 산맥을 형성하기도 하고 상대적으로 아래로는 꺼진 계곡과 협곡이 있어 물이 흐르는 강을 만들기도 한다. 이러한 굴곡 때문에 만들어지는 지형의 변화무쌍함은 멋진 풍경과 장관을 빚어낸다. 사람들은 일부러 그런 굴곡이 심한 장소를 관광 명소라 부르며 찾아다니고, 숨이 멎는 듯한 그 풍광에 매료된다.

평평하지 않은 지구상의 모양새처럼 세상사 돌아가는 이치도 수평적으로 평탄하고 고르지만은 않다. 사람들이 살면서 맞닥뜨리는 상황이나 사정에는 좋든 싫든 기울기가 있기 마련이다. 평지를 걷는 듯한 시간도 있지만 내게 유리한 쪽이든 반대로 내게 불리한 쪽이든, 기울어져 있는 상황을 만나게 된다. 나에게 불리한 방향으로 기울어져 있는 경우가 대부분이다. 아니, 불리하다기보다는 내가 노력과 힘을 기울여 거슬러 올라가야 하는 경사를 만나게 된다.

인류가 시작되고 수렵사회를 거쳐 어딘가에 정착을 해서 농경사회를 시작했다. 마을이 형성되고 규모가 커지면서 도시가 만들어졌다. 인류의 역사와 함께 언젠가부터 길이 시작되었고 도시와 문명이 발달하면서 사람들의 이동통로인 길은 점점 더 중요해지고 발전해왔다. 길이 어디로 나고 어느 곳을 향하느냐에 따라 지역적으로 사람들이 모이는 곳에 경제적 사회적 가치가 창출되고 발전하면서 그로 인해 지역에 따른 기울기가 만들어진다.

새로 나는 길은 그 지역의 판도를 바꾼다. 원래 자리 잡고 있던 안정과 패턴이 깨진다. 원래 기득권을 지녔던 지역이 외면당하고 소외되기 시작하고 새로운 길을 따라 새롭게 부상하는 지역이 나타난다. 원래의 기울기가 뒤집히고 파란과 역전을 몰고 온다.

예를 들어 동해안을 따라 고속도로가 생기면서 구 도로인 7번국도의 차량 이용자가 줄었다. 일부러 동해바다의 풍광을 음미하고 싶거나 바쁘지 않은 사람들은 드라이브를 즐기기 위해 7번 국도를 타지만 대부분의 경우에는 고속도로를 이용하게 되었다. 따라서 7번 국도에 있던 식당이나 주유소들 장사는 급격하게 기울기 시작했고 이제는 거의 모두 문을 닫고 빛바랜 간판들만 덩그러니 자리를 지키게 되었다. 그 밖에도 강원도로 새로 뚫린 고속도로인 서울 양양 고속도로와 제2영동고속도로는 구 도로와 기존 영동고속도로의 차량 이용객 수에 영향을 미친다. 그 정도와 영향이 더욱 커지면 미시령 휴게소 폐쇄같이 기존의 시설들이 추억 속으로 사라지게 된다.

그렇게 사라지거나 취약해지는 곳이 있는 반면, 반대급부로 새롭게 떠오르는 지역이 생기기 마련이다. 거시적 차원에서 보게 되면 강릉과 속초 같은 강원도의 도시들이 활성화되고 발전하는 계기가 되었다. 더 나아가 남북이 통일이 되거나 통일이 아니더라도 남북이 자유로이 왕래하는 날이 온다면 남북으로 새로이 뚫리는 길이 만들어지고 '코리아 디스카운트Korea Discount'의 선제적인 불리한 기울기가 심대하게 역전되는 다이나믹한 기울기로 탈바꿈할 것이다. 우리나라의 침체된 경제사회구조와 여건에 활력을 불어넣고 또 한 번의 도약을 위한 큰 길이 열릴 것이다.

나는 현직에 있을 때 국내 또는 외국계 회사에서 기업 대 기업B to B 영업을 했다. 그런데 회사에서 일로서 영위하는 영업뿐 아니라 인생이 영업이라는 생각이다.

영업이란 결국 내가 필요한 것을 얻기 위해 상대방과의 소통하고 협상하는 것이다. 태어나서 엄마에게 젖 달라고 울어대는 것부터가 영업 행위의 시작이다. 울어대는 본능적인 노력(?)을 통해 엄마로부터의 기울기를 얻어내는 것이다. 이후의 성장과정 동안 그리고 어른이 되어서 하는 행위들을 찬찬히 들여다보면 지속적으로 인연으로 연결되는 사람들과 영업을 하며 살아간다. 일반 사람들은 자신은 영업과 무관하다고 생각하지만 사실 영업은 생활 속에 녹아 있다.

직업으로서 영업이라는 분야는 여러 가지 기울기의 상황을 맞닥뜨리는 곳이다. 그것도 대개는 불리한 쪽의 기울기로만. 세일즈맨이면 누구든 봉착하는 도전이지만 자신이 팔아야 하는 제품이든 서비스든 해당 시장에서 팔기 쉬운 환경이나 여건은 거의 없다.

처음부터 저절로 팔리는 물건은 없다. 먼저 내가 팔아야 하는 물건에 대해 고객이 필요성 여부를 판단해야 한다. 그리고 고객에게 내 제품이 왜 필요한지, 어떤 유익함을 주고 어떤 문제를 해결해줄 수 있을지 설득하는 노력을 해야 한다.

그 노력이 결실을 맺기도 어려운 과정이지만 일단 고객이 제품을 사겠다는 결정이 섰다 하더라도 그게 끝이 아니다. 이제 경쟁이라는 두터운 벽을 넘어야 한다. 세일즈맨 입장에서 고객의 상황과 그를 둘러싼 경쟁의 판도를 파악하고 판단하게 되는데 그 판도의 기울기가 나에게 유리하지 않은 경우가 대부분이다. 그것이 회사가 세일즈맨을 고용해서 월급 주고 일을 시키는 이유이겠지만 말이다. 회사 입장에서 제품이 저절로 팔리거나 판매가 수월하다면 굳이 영업직원을 둘 이유가 당연히 없을 것이다.

세일즈맨이 고객을 만나 상담을 나누다 보면 듣게 되는 이야기가 긍정적이기보다는 부정적인 경우가 많다. 제품을 사야 하는 입장에서 판매 회사로부터 좋은 조건을 끌어내기 위한 전략적인 의도도 많이 개입되기도 하겠지만 말이다. 좀 과장되게 말하면 우리 회사 제품을 사지 않아야 할 이유가 아흔아홉 가지는 되는 듯하다. 아직은 우리 제품이 필요 없다는 것에서부터 시작해서 우리 가격이 비싸다, 결정권자가 경쟁사와 관계가 좋다, 심지어는 아무 이유 없이 우리가 싫다는 것에 이르기까지 이유는 다양하다.

상황의 기울기가 우리에게 불리하도록 기울어져 있다면 세일즈맨은 어떻게 대처해야 할까? 상황의 불리한 기울기를 우리에게 유리한 방향으로 선회하도록 국면 전환을 시도한다. 이미 형성되어 있는 판도를 흔들어댄다. 흔든다는 것은 기울기를 우리에게 유리한 쪽으로 유도하도록 상황의 어느 지점에 힘을 기울인다는 뜻이다.

만일 세일즈맨이 고객을 방문해서 우리 제품을 사지 않아야 할 이유만 듣고 와서는 아무 추가적인 생각이나 아이디어 없이 상사에게 보고만 하고 정보전달자로서 역할만 했다고 치자. 상사로부터 어떤 반응을 받을지는 굳이 이야기하지 않아도 상상이 간다. 상사로부터 호된 질책을 피할 수 없을 것이다. "굳이 우리 회사 다니지 말고 고객사의 대변자 역할이나 하라고"라는 소리를 듣게 되지 않을까.

축구경기에 비유하자면 공격수가 상대 수비진영으로 공격해 들어갈 때 흔들어대지 않으면 동료에게 좋은 패스나 골 찬스를 만들 수 없는 것과 마찬가지다. 페인팅도 하고 헛다리짚기도 하면서 상대 수비수의 몸동작에 기울기를 유도해야 패스나 슛을 할 공간이 열린다.

흔들기 없이 뻣뻣하게 공격해 들어가는 선수는 수비에 걸려 넘어지거나 튕겨나갈 수밖에 없다. 수비수 또한 흔들림 없이 중심을 잘 잡고 막고 서 있기 때문이다. 골에어리어 근처에서 선수들의 움직임이 더욱 빨라지고 수비를 교란하기 위한 흔들기가 강해진다. 짧은 패스나 짧은 동작으로 흔들기도 하지만 오른쪽 왼쪽 날개 공격수 사이의 긴 패스처럼 크게 흔들기도 한다.

다시 세일즈맨 입장으로 돌아오면 먼저 고객사 안팎의 여러 구석구석을 탐색해야 할 필요가 있을 것이다. 어느 구석에서 우리의 강점과 연결시켜 지렛대로 들어 올릴 수 있는지 여러모로 정보를 수집하고 파악해야 한다.

첨예하게 경쟁하는 상황이라면 경쟁사의 장단점이 무엇인지, 경쟁사의 어느 부분이 고객으로 하여금 결정의 추를 기울게 했는지를 파악하고 분석하려고 한다. 그리고 가장 중요한 것 중의 하나가 고객 회사

안에 결정권을 쥐고 있는 사람이 누구인지 알아야 한다.

많이 알아야 단순명료해질 수 있다. 획득한 정보를 토대로 고객 내의 어느 구석을 목표로 어떠한 접근이 판도의 기울기를 바꿀 수 있는지 판단이 선다. 그러나 필요한 정보를 100% 가질 수는 없다. 정보의 빈 공간은 경험과 직관으로 메워나갈 수밖에 없다.

만일 고객이 우리 제품을 배제하고 경쟁사의 제품을 사겠다고 결정했다면 그리고 그것이 최종결정이라면 그 결정을 돌리기는 어렵다. 그러나 꺼진 불이라도 들춰볼 필요가 있다. 여전히 불씨가 살아 있는 경우가 있기 때문이다. 내가 아무런 움직임을 시도하지 않으면 가능성은 제로지만 뭐라도 시도해보면 실낱같은 기울기 전환의 가능성을 간파할 수도 있다.

그런 맥락의 개인적인 경험이 있다. 90년대 초반에 국내 모 유업회사에 우유에서 추출한 네덜란드산 천연 항균 성분을 팔기 위한 영업활동을 하고 있었는데 어느 날 그 천연 항균 성분을 쓰기로 결정했다. 그런데 문제는 고객사의 연구소장님이 우리 제품이 아닌 경쟁사의 제품을 쓰겠다고 확고한 방침을 정한 것이다. 그 배경에는 그분만의 확고한 기술적인 근거가 있었다. 당시에 그 연구소장님을 만나러 3일을 내리 무턱대고 갔다. 그분이 그렇게 판단한 근거에 우리 제품이 문제가 없다는 자료와 함께 하소연도 하고 재고^{再考}를 부탁하러 간 것이다.

그런데 이상한 것은 그분이 나를 안 만나겠다고 내치지는 않고 계속 만나준다는 점이다. 일단 구매가 결정이 나면 탈락한 후보업체를 예의 상 한 번 만나줄까 그 이상은 만나길 꺼려하는 것이 보통이다. 불편하기 때문이다.

나는 그 이유를 알기 위해 다른 루트를 통해 정보를 모아봤다. 경쟁사에 약점이 있는 것을 알았다. 아직 고객의 필요량을 공급할 만한 생산능력이 준비가 되어 있지 않은 것이다. 어떤 구석을 건드려야 할지 파악을 했기 때문에 공급에 대한 안정성을 이유로 계약으로 유도했다. 약간의 시나리오를 준비해서 연구소장님이 수락하지 않으면 안 되는 시나리오를 만든 것이다.

결국은 단일 공급업체로 공급하기 시작하는 데 성공했고 단기간이 아닌 그 후로도 계속 계약을 갱신하면서 아주 오랫동안 그 제품을 공급했다. 내가 그 회사를 그만둔 뒤로도, 아마 지금까지도 공급하고 있는지 모르겠다.

공격 루트는 중앙돌파만 있는 것이 아니다

뭔가를 골똘히 생각하고 몰입해 있을 때 생각의 진전이 일어나지 않고 막혀 있다면, 그 생각의 모서리에서 일단 빠져나와야 한다. 그 모서리에서 빠져나와 생각의 다른 편 구석으로 가본다. 다른 편에서 그 사안을 바라다보면서 생각의 흔들기, 관점의 흔들기를 시도할 필요가 있다. 고민하던 문제 또는 그 장소로부터 떨어져 있는 시간 동안 기존의 관점에서 벗어난 생각들을 하면 불현듯 기막힌 아이디어가 떠오르거나 탁월한 해법이 전구에 불 켜지듯 반짝인다.

우리가 어렸을 때 정도의 차이는 있지만 거의 대부분이 못살았다. 집안이 경제적으로 어려운 상황을 가세가 기울었다고 표현한다. 그러한 환경과 형편에서 자식들은 기울어진 가세를 역전시키기 위해, 없는 살림에도 모든 가족들은 자신들이 할 수 있는 것에 매진한다. 부모님 허리는 더 휘고 고생은 되지만 가난을 대물림시키지 않기 위해 논 팔고 소 팔아 자식들을 대학 공부까지 시킨다. 자식들은 고생만 하셨던 부모님 호강시켜 드리기 위해 그리고 본인의 나은 삶을 위해 공부 열심히 해서 학교를 졸업하고 사회에 나가 어떤 진로를 택하든 사회적으로 직업적으로 성공하려 노력했다.

지난 5, 60년간에 가난하고 피폐했던 개인들의 삶에서 경제적으로 기울기의 전환이 이루어진 것이다. 앞서 이야기했듯이 국가적인 차원에서도 1960년도 아프리카 가나보다도 국민소득이 낮았던 데서 지금은 선진국 진입을 목전에 두고 있는 OECD 국가 중 하나로 발돋움했다. 전세계에서 국가적으로도 유례가 없는 기울기의 전환을 이룬 것이다.

지금은 어떠한가? 지난 몇십 년간 사회는 많이 변모했고 시대가 바뀌었다. 국가는 고성장시대에서 저성장시대로 진입했고 대학생들은 넘쳐나고 대기업 중심의 산업구조는 더욱 고착화되었고 일자리는 줄어들었다. 국가적으로 못살던 국가에서 잘사는 국가로의 기울기 전환은 이루었지만 그 안에서의 빈부격차는 커졌고 만들어진 세대 간 기울기는 좀처럼 움직이기거나 조정될 기미를 보이지 않는다.

게다가 지식정보화시대로의 변화는 이제 대학을 졸업하는 20대뿐만 아니라 40, 50대의 세대에게도 직업안정성 측면에서 위협적으로 다가와 이른 나이에 자리에서 물러나거나 퇴직 후에도 대체 직업을 찾기가 용이하지 않다. 나라의 위상도 크게 바뀌었고 시대도 바뀌었는데 우리의 시선과 생각은 어떠한가? 그만큼 확장되고 눈높이가 바뀌었는가?

지난 4월에 일산 킨텍스 나라장터 엑스포에서 인도네시아 기업가의 한국 중소기업들과의 상담에서 통역을 도와준 적이 있다. 바이어 상담 부스에서 인도네시아 기업가가 미리 회의를 예약한 업체들도 같이 만나고 전시장에 마련된 그들의 부스들을 들러 상담을 했는데 놀란 게 하나 있다. 다름 아닌 업종의 다양성이다.

우리는 보통 쉽게 눈에 띄고 접촉하는 제품들이나 알 만한 대기업들이 생산하고 있는 대표적 제품들이나 귀에 익은 아이템들만 연상하기 쉽다. 전시장에 가면 우리가 처음 들어보는 업체들도 많고 이런 제품들도 있었나 할 정도로 희한한 품목들도 많다. 자동차의 조명을 받으면 빛을 반사하는 꽃을 만드는 업체, 차선분리대에 새로운 기능을 부여해서 만드는 업체, 감옥에 특화된 센서를 만드는 업체, 컨테이너 하우스처럼 이동식 황토 집을 만드는 업체 등 나로서는 생각지도 못한 다양하고 때로는 기상천외한 제품들을 만들고 있었다. 사람 사는 모습도 너무 다양하지만 제조업을 하시는 분들이 만드는 제품과 종류가 다양하고 이색적인 게 많다.

자칫 업종을 생각할 때 각 산업의 대표 품목들만 생각하기 쉽다. 기계 하면 자동차에 들어가는 부품이나 절삭공구만을 생각하고 화학 하면 독성 높은 용제만을 생각하고 식품 하면 밥과 반찬이 되는 농수산물만 생각하게 된다. 그러나 각 산업별로 만드는 제품이나 그 제품의 기능은 날로 복잡해지고 다양해지고 있다.

우리가 어렸을 때는 TV에서 볼 수 있는 채널이 서너 개 정도였다. SBS방송이 1990년 개국했으니 정말 우리가 학생 때는 KBS, MBC, TBC 정도밖에 채널이 없었다. 1985년 처음으로 일본에 출장 갔을 때 호텔에서 TV를 보면서 TV 채널이 그렇게 많을 수 있구나 하며 놀랐던 기억이 있다. 사람들은 자신이 보고 있는 게 다라고 생각하기 쉽다. 내가 보아오던 채널 세 개는 내 머리 속에 은연중에 채널 수는 그 이상일 수 없다는 식으로 자리 잡고 있었다. 사람은 보고 겪는 대로 생각한다. 보고 경험한 것이 만들어놓은 한계를 벗어나기가 쉽지 않다.

지금의 TV 채널은 어떠한가? KBS, MBC, SBS 등의 7개 지상파 채널을 비롯하여 종편, 케이블, 해외 위성 등 수많은 채널들로 시청자들의 다양한 시청 욕구를 충족시키고 있다. 이제는 프로그램 시청의 선택이 단지 TV에서만 머물지 않고 컴퓨터나 모바일을 통해 더욱 적극적으로 보고 싶은 방송을 능동적으로 취사선택할 수 있다.

요즈음 학생들은 TV를 잘 보지 않는다고 한다. 유튜브 등 워낙 그들의 흥미를 끄는 다양한 매체들이 있기 때문에 굳이 TV에 의존할 필요가 없다는 이야기다. 이러한 채널의 다양성이 달라진 세태와 세상을 대변해주고 있다는 생각이다. 세상의 채널은 다양해졌는데도 불구하고 각 개인들은 아직도 스스로를 옛날의 서너 개의 채널이 있는 시대에 묶어

두고 있지는 않은가.

이제 흔들기를 할 수 있는 나의(내가 나아가야 할) 무대 또는 운동장을 한 분야 또는 하나의 나라에 국한하지 않고 아시아 더 나아가 전 세계로 시야를 확장할 필요가 있다. 그리고 그러한 때가 됐다는 생각이다.

박항서 감독이 좋은 예다. 본인이 나서 자란 한국을 넘어섰다. 그것도 보통은 은퇴를 생각할 나이에. 한국에서는 나이도 나이인지라 축구 지도자로서의 입지가 점점 더 좁아지고 이미 오래전에 주류에서 밀려나 있었다. 프로팀 감독 자리에서는 진즉에 물러났고 베트남으로 가기 전 창원시청이라는 실업 팀 감독이었다. 한국 축구계에서는 변두리를 넘어 경계에 서 있다고 판단하지 않았나 싶다.

다음 선택지로 자신이 경험한 적이 없는 해외로 눈을 돌려 베트남을 선택했다. 본인이 직접 에이전트 회사에 가서 먼저 적극적으로 접근했다고 한다. 자신이 익숙했던 영역의 한계를 넘어섰을 때 의외의 결과가 나오기도 한다.

많은 국민들이 그가 베트남에 가 있는지도 몰랐는데 그는 서너 달 만에 베트남의 축구영웅이 되었다. 아시아축구연맹AFC U-23 챔피언십에서 팀을 결승에 진출시켜 베트남 나라 전체를 격정의 소용돌이로 몰아넣었다. 베트남 전체를 축제 분위기로 들썩이게 했고 모든 거리거리를 빨간 깃발로 물들게 했다. 개인적인 영광을 넘어서서 베트남 국민들의 에너지와 자신감을 급상승시켜 베트남 축구뿐 아니라 사회 경제 전반에 아주 긍정적인 효과를 불러올 것이라 한다.

수세에 몰려 있고 마치 저무는 해로 치부될 때 그는 의외의 큰 흔들기를 했다. 그리고 그 흔들기는 아주 기가 막히게 적중했다. 본인도 이렇게까지 큰 성공을 거두리라고는 생각지 못했을 것이다. 그냥 흘러가는 대세대로 실업 팀에서 대충 마무리하자고 했으면 지금 같은 경천동지驚天動地할 일은 벌어지지 않았을 것이다.

아마도 그의 스승 히딩크로부터 배우고 영향을 크게 받았을 것이라는 생각을 해본다. 히딩크도 2002년 한일 월드컵에서 한국을 4강으로 이끄는 성공을 거두기 전에는 유럽 축구에서 특급 계보의 감독이라고 하기에는 무리가 있었다. 그는 그 당시로는 아주 큰 흔들기를 시도했다. 리스크가 큰, 아주 먼 극동의 작은 나라 감독으로 부임했다.

그 큰 흔들기는 아주 멋지게 먹혔다. 한 나라를 흥분의 도가니에 빠뜨렸고 온 국민을 최소한 한 달 동안 시름에서 해방시켰다. 본인도 한 나라의 대통령으로까지 추대하자는 말을 들을 정도로 비약적인 신분 상승(?)을 누렸고 이후 부임한 나라의 감독으로도 연이은 성공을 맛보았다. 그 당시 생뚱맞을 수도 있었던 한국 감독으로의 큰 흔들기가 히딩크 개인에 있어서 생각지도 못했던 큰 도약의 계기가 되었던 것이다.

박 감독의 지금까지의 행보와 베트남에서 불러일으킨 신드롬 현상을 보면서 인생도 마찬가지 아닐까 싶다. 살다 보면 어느 순간 앞이 단단하고 두터운 벽으로 막혀 있다는 느낌이 들 때가 있다. 진척의 낌새없이 정체의 늪에 빠지기도 한다. 인생이라는 운동장을 크게 쓸 필요가 있는 것이다.

축구경기를 뛰는 선수라면 중앙돌파만 고집하지 않는다. 중앙이 가장 골대가 크게 보이지만 수비 또한 가장 밀집되어 있는 곳이다. 왼쪽, 오른쪽, 오버래핑 등 다양한 루트를 탐색하고 시도해야 한다.

베트남의 이웃나라인 캄보디아에도 좋은 예가 있다. 캄보디아 태권도 국가대표 감독인 최용석 감독이다. 그는 캄보디아에서 태권도 열풍을 일으킨 장본인이다. 그의 수제자인 손 시브메이 선수가 캄보디아 스포츠 역사상 처음으로 2014년 인천 아시안게임에서 금메달을 땄다. 이로 인해 최용석 감독과 손 시브메이 선수는 캄보디아의 국민영웅으로 떠올랐다.

최 감독이 캄보디아로 건너간 것은 1996년 우리나라가 IMF 경제위기에 진입하기 직전이다. 그 당시 한국국제협력단KOICA 정부 파견 태권도 사범으로 파견되었다. 처음에는 1년 단기 계약으로 갔다. 그리고는

2년 계약으로, 그 다음은 5년 계약으로 연장되었고 지금에 이르렀다.

그는 지난 22년간 캄보디아 태권도협회 국가대표팀 감독 및 코디네이터로 캄보디아 선수들을 지도해왔다. TV에서 그가 인터뷰하는 장면을 봤는데 정해진 틀을 깨고 그 밖으로 나가고 싶었다고 이야기한다.

그 당시에는 이제 막 캄보디아와 수교를 하려던 시점이었고 캄보디아에 대한 정보도 그리 많지 않았기 때문에 두렵기도 했고 쉽지 않은 결정이었을 것이다. 박항서 감독의 경우와는 사뭇 다르다. 박항서 감독은 베트남에 간 지 오래지 않아 그 나라의 영웅이 되었지만 최 감독은 아주 나라 환경이 척박한 시절에 가서 20여 년이란 오랜 세월에 걸쳐 하나하나 쌓아 올리고 다져서 이루어낸 업적이다.

이렇듯 인생은 그냥 생각하듯 뻔한 게 아니다. 전혀 내 것이라고 생각지 않았고 그 길은 내 길이 아니라고 생각했던 길에서 기분 좋은 놀람과 기쁨을 발견하기도 한다.

만일 젊은이가 취업을 시도하는데 한국에서의 취업이 용이하지 않다면 나라 밖으로 눈길을 돌려보는 것도 괜찮은 방향이다. 내가 한국 사람이라고 오로지 한국에서만 살라는 법은 없다. 한국 밖에서 기회를 찾는데 의외로 수월하게 기회를 포착하고 기대이상으로 큰 성공을 거둘 수 있는 것이다. 세상은 크게 열려 있는데 내 시야가 달리는 경주마처럼 앞만 보게 가려져 있는지 모른다.

누군가는 그렇게 얘기할지 모르겠다. 한두 경우를 핀셋 뽑듯이 뽑아 놓고 아주 잘된 드문 경우를 너무 일반화한다고. 물론 사례로 얘기를 하다 보니 그렇지만 그렇게까지 눈에 띄는 특별한 성공은 아닐지라도 나름의 뜻을 펼치며 살 수 있는 가능성은 꽤 높다고 얘기할 수 있다.

물론 그에 걸맞은 노력은 필수다. 필수적으로 어학에 대한 노력은 해야 한다. 커뮤니케이션 능력이 뒷받침되지 않고 타국에서 일과 자기 실현의 기회를 수행한다는 것은 난센스이기 때문이다. 그러다 보면 그 중에서 특출하게 성공하는 케이스로 진화하기도 하는 것이다. 최용석 감독은 캄보디아에서 오래 살기도 했지만 캄보디아 현지어를 유창하게 한다. 스스로 현지사회에 완전히 녹아들도록 노력을 한 것이다.

젊은이는 피어나는 꽃이지 젖은 낙엽이 아니다

언젠가 〈명견만리〉라는 프로그램에서 투자의 귀재 짐 로저스Jim Rogers가 "대한민국의 생존을 말하다"라는 주제로 강연을 했다. 그가 직접 노량진 공시촌에 들러 학생들과 인터뷰하는 장면도 보여주고 투자가 입장에서 한국의 현 상황을 진단하고 어떻게 해야 다시 한국이 역동성을 발휘할 수 있을지를 이야기했다.

한 학생은 고시원 건물 옥상에 올라가 여의도 방향을 바라보며 이곳은 갇힌 세상이고 저곳은 바깥세상이라고 표현했다. 바깥세상이 신기루 같다며 한숨을 크게 내쉰다. 이 노량진에서 빨리 벗어나고 싶다고. 그 모습과 그 한숨이 안타까웠다. 삶이라는 운동장에서 자신의 능력과 에너지를 다양하게 펼칠 도전의 설렘보다는 그 두려움에 젖어서 미리 자신의 인생을 고정하려고 한다.

짐 로저스는 이런 사회에서는 단연코 희망이 없다고 이야기한다. 물론 사회 자체의 문제가 있기도 하지만 젊은이들이 너무 일찍 젖은 낙엽의 인생을 추구하고 있다. 딱 들러붙으면 떨어지지 않는 절대 안정과 보장된 삶을 살아가겠다는 생각으로 말이다. 전혀 삶의 의외성과 설레는 놀람을 배제한 채 기존 질서에 편입해서 편케 살아보겠다는 것이 삶의 우선순위가 되었다. 욕망을 따라서 도전하는 삶을 살아야 하는데 안타깝다.

그리고 그들이 공부하고 있는 내용들이 생각의 근육과 힘을 키워주고 지적 내공을 함양하는 유효성 있는 것들일까? 기술적인 과목이라면 그 분야의 전문가가 되는 데 보탬이 되는 실효성 있는 지식들일까? 시험에 합격하면 다행인데 실패했을 경우 그동안 힘들게 공부했던 것들을 어디에도 써먹지 못하는 전혀 쓸모없는 지식으로 전락하고 마는 것은 아닌지 우려스럽다.

어느 행사를 하면서 알게 된 어르신이 계셨다. 전라도 광주에서 사시는 75세 어르신이었다. 시간이 흐르면서 서로 친하게 되니 개인사에 대해서도 얘기하게 되었는데 아무래도 자식들 얘기가 주된 화제였다.

그 어르신은 2남 2녀 4남매를 두고 계셨다. 막내가 38살 아들인데 특히 막내에 대한 고민이 크셨다. 장가도 안 가고 아직 그 나이에도 공무원 시험에 계속 도전 중이라고 한다. 그 나이에도 75세 아버지에 경제적으로 의탁해서 보내는 생활비에 의존해서 산다고 한다.

2, 30대의 그 귀한 청춘의 시간을 노량진 공시촌에서 오로지 공무원 될 날만을 꿈에 그리면서 매몰된 생활을 하고 있는 것이다. 공무원만 되면 인생의 모든 힘듦과 수고로움이 끝난다고 생각하는 걸까. 아버지가 그 정도 했으면 공무원 되는 길은 그만 포기하고 고향으로 내려와서 충분히 다른 길을 모색할 수 있으니 마음을 바꾸라고 조언을 해도 전혀 먹히지 않는다고 했다.

어르신의 이야기를 듣는데 가슴이 답답해왔다. 그토록 바라던 공무원 시험에 합격해서 공무원생활을 시작한다고 가정해도 전혀 좋을 것 같지가 않았기 때문이다. 아마도 기대했던 것보다 단조롭고 소박한 공무원의 삶을 경험하면서 허탈해할지도 모른다. 내가 이러려고 그 길고 긴 청춘의 세월을 고생하면서 보냈나 하며 회한의 한숨을 내쉴지도 모른다.

달리 비유하자면 이렇게 이야기할 수도 있을 것 같다. 원래 책을 읽지도 않는데 어쩌다 인생의 첫 책을 만났다. 그런데 읽어보니 너무 가슴에 와 닿았다. 책이 전하는 대로 인생을 살리라 결심을 한다. 어쩌다 만난 인생의 첫 책에 꽂혀 그대로 살려고만 하는 모습이 아닐까.

세상의 책은 무수히 많고 책마다 전하고자 하는 메시지와 의미는 다양하고 천차만별인데 처음 책에서 던져준 인생길이 의미심장하게 마음에 꽂혔고 어느 다른 모색의 길도 차단시킨 채 스스로를 그 길로 규정해버렸다. 이후 어떤 다른 책을 줘도 쳐다보지 않는 모양새인 것이다. 어쩌다 만난 첫 책에 자신의 인생길이 막힌 것이다.

먼저 하고 싶은 얘기가 자신을 한 가지로 규정하지 말라는 것이다. 삶의 가능성은 열려 있고 어떤 일이든 벌어질 수 있는 게 인생이다. 자신이 그토록 가고 싶어했던 인생행로에 막상 들어섰을 때 기대와는 다른 상황을 맞이하기도 한다. 예상하지 못했던 어긋남과 어려움에 힘든 과정을 보내기도 한다.

반대로 전혀 생각지 못했던 길로 들어섰는데 순풍에 돛 단 듯 또는 기름칠해놓은 레일 위를 미끄러지듯 달리는 기차처럼 쌩쌩 잘 나가기도 하고 가슴 벅찬 성과를 내기도 한다. 각 분야에서 큰 성공을 이룬 사람들의 이야기를 들어보면 그들 중에 많은 분들이 처음부터 자신이 정했던 길이 아닌 전혀 생각지 못했던 분야에 우연히 들어서서 열심히 하다 보니 남들보다 두각을 나타내고 결국 성공한 경우가 무척 많다는 사실에 놀란다.

매몰비용의 오류

다른 길을 모색하는 데 주저하는 이유가 이미 쏟아부은 시간과 노력 때문에 그것이 아까워 이미 자신이 가고자 하는 길이 별 볼 일 없을 것이라는 걸 알아챘는데도 불구하고 섣불리 포기를 못 하는 것이다. 미국의 심리학자 리차드 탈러Richard H. Thaler가 이같은 심리적 착시현상을 이를 '매몰비용의 오류'라 표현했다.

내게도 그런 경험이 있다. 지난 책의 '갑자기 나타나는 사람을 조심하라'는 주제의 글에서 강원도 평창의 펜션 부지라며 접근해온 동창의 부추김에 넘어가 덜컥 계약을 하고 그 땅을 사는 바람에 적지 않은 금액을 손해본 경험을 이야기한 적이 있다. 그것이 동창의 부추김이었던 사기 의도였던 상관없이 최종 결정자는 나였기 때문에 그 누구도 탓할 수 없는 나의 문제였고 나의 어리석음이었지만. 당시의 상황을 찬찬히 뜯어보면 동창은 나에게 판매 의도를 밝히고 난 후, 무엇보다 서두른 게 앞뒤를 따질 새 없이 계약금을 지불하도록 유도한 것이었다.

계약을 체결한 후 부지에 대한 의구심과 땅을 제대로 확인하지 않은 불안감이 커져감에도 불구하고 이미 계약금을 지불했다는 사실이 평창 올림픽이 치러지면 잘되지 않을까라는 막연한 희망과 어우러져 매몰비용의 오류를 불러오고야 말았다. 더 큰 피해를 볼 가능성이 농후한데도 이미 지불한 계약금이 아깝다는 생각으로 제대로 된 판단을 내리지 못하고 발목이 잡힌 것이다. 아마도 그 동창은 이 메커니즘을 꿰뚫고 있음에 틀림없지 않았을까. 먹잇감이 포착되면 무슨 수를 써서라도 바로 계약금부터 지르도록 유도한다. 일단 계약금이란 비용이 발생되면 사람 심리가 그에 대한 손실 두려움에 사로잡힌다는 걸 아는 것이다.

주식시장도 이러한 사람들의 심리적 오류가 강하게 작용하는 곳이 아닌가 싶다. 계속 돈을 잃으면서도 빠져나오지 못하고 지속적으로 매달리게 되는 곳이란 생각이 든다. 어쩌다 버는 돈의 희열은 더욱 사람들을 털고 나가지 못하게 한다.

조금만 더 잘 투자하면 잃은 금액의 몇 배를 벌 수 있을 것 같은 착시현상이 사람들을 주식시장에서 떠나지 못하게 한다. 게다가 주변에서 많지는 않지만 주식으로 대박을 친 사람들의 이야기는 더욱 귀를 솔깃하게 한다. 뷔페에 가면 이미 지불한 비용이나 어차피 지불해야 할 비용 때문에 배 터지게 먹게 되는 심리도 대표적인 예가 될 것 같다.

여러 가지 '매몰비용의 오류' 가운데에서도 그 귀하디귀한 청춘의 시간과 노력을 공무원 시험 준비로 낭비시키는 것은 도저히 복구되지 않는 가장 심각한 해악을 가지고 있다고 생각한다. 공시 공부에 쏟은 세월과 노력은 오히려 그 사람으로 하여금 미래로 나아갈 수 있는 문의 폭을 좁게 하는 역작용을 낳는다. 열려진 세상에서 젊었을 때 가질 수 있었던 소중한 경험과 지식의 기회를 날려버린 것이다.

기업체에서 직원 채용 시에 이력서에 나타난 공시촌에서의 기간은 크게 마이너스로 작용한다고 한다. 만약 내가 기업체의 인사담당자라도 제일 먼저 선정에서 제외할 것 같다. 일단 진취적인 도전과 창의성보다는 현실에 안주하고 쉽게 가려는 성향이 강할 것으로 이해될 것이고 그들이 공부했다는 내용이 현실에 적용할 수 있는 실제적이고 실용적인 지식이라기보다는 기업체에 와서 쓸모가 없을 가능성이 크기 때문이다.

공무원 시험에 도전하는 것이 나쁘다는 것이 아니라 한두 번 도전해 볼 수는 있지만 아니다 싶으면 다른 길과 진로로 바꾸어 앞으로 나아가야 한다. 젊었을 때 잠깐 우회하거나 멈칫하는 것은 길게 인생 전체를 봤을 때 아무것도 아니다. 가면 갈수록 다양성과 창의성이 요구되는 현대 사회에서 그 속에서 살아가는 우리도 마찬가지로 다양한 가능성을 전제로 품고 살아가야 한다.

젊은이들이 사회에 나가면 계속해서 진정한 자기진단, 자기탐색을 하게 된다. 자신을 안다는 것이 몇 번의 테스트, 시험을 통해 기능한 게 아니다. 자신의 재능과 잠재능력은 드러나 있지 않고 내 안에 숨어 있는 경우가 대부분이다. 진정한 자기진단은 해봐야 안다. 해보지 않고는 어느 것 하나 분명해지지 않는다. 사회에 진출해서 직업을 갖는다고 해서 자기점검이 끝난 게 아니다. 지속적으로 자신을 탐색하는 과정은 계속된다. 자신을 고정된 하나의 유형으로 보지 마라.

흔들리지 않고 피는 꽃이 어디 있으랴

이정모 서울시립과학관장의 강의를 들은 적이 있다. 외모는 왠지 드라마 시트콤에 나올 만한 통통한 몸매에 털보 모습을 하셔서 그런지 푸근하고 코믹한 느낌을 주시는 분이다.

강의의 주제는 실패의 의미에 관한 것이었다. 2018년 노벨 화학상을 받은 세 분의 과학자 얘기를 사례로 들었다. 이분들의 업적은 저온 전자 현미경 관찰법을 개발했는데 원자들에 색을 입혀 분자구조를 입체적으로 볼 수 있도록 가시화하여 향후 생화학과 의약의 발전에 지대한 영향을 줄 것이라고 한다. 이 세 분의 이름과 국적은 자크 뒤보셰 Jacques Dubochet(스위스), 요아킴 프랑크 Joachim Frank(미국), 리처드 헨더슨 Richard Henderson(영국)이다. 모두 70대인데 세 분의 평균 나이가 74.6세다. 이분들은 1970년대 중반부터 연구를 시작했고 연구의 결실을 맺은 것이 2013년이라고 한다. 그들은 40년 동안 계속 실패를 해왔고 실패를 통해 얻어진 작은 성과들에 즐거워하면서 연구를 계속하다가 마침내 위대한 연구업적을 만들어낸 것이다.

이 관장은 우리나라에서는 앞으로 15년 동안 노벨상 수상자가 나오지 않을 것이라고 단언하듯이 얘기한다. 우리나라는 국가 GDP 대비 세계 최고의 연구개발비를 쓰고 과학자들이 하루가 멀다 하고 밤늦게 야근을 한다. 보이는 모습은 열정을 쏟는 것 같지만 치명적인 결함이 있다는 것이다.

노벨상은 누군가가 만들어놓은 것을 개선했다고 해서 주는 상이 아니라 아무것도 없는 황무지에서 수많은 실패를 거듭해 무언가를 만들어내는 사람에게 주는 상이다. 그러나 우리나라 사회나 연구 교육의 환경과 풍토는 실패를 인정하지도 않고 용인하지도 않는다. 실패를 인정하지 않는 사회에서는 창의성이 고양될 수 없고 무언가를 새롭게 만들어내는 토대와 기틀이 형성되지 않는다.

우리나라에는 똑똑하고 머리 좋은 아이들은 많은데 이 아이들이 갖고 있는 포텐셜과 재능이 꽃을 피울 수 없도록 하는 교육적 풍토와 사회여건이 한탄스럽다. 이러한 환경에서 자라는 아이들을 보면 아쉬운 점이 이러한 부분과 일맥상통한다. 실패할 것 같고 자신이 없으면 움츠러든다. 그리고 거기에서 바로 후퇴하는 경향이 있다. 자신이 잘하는 것, 남들에게 증명할 수 있는 것만 하려 든다.

짧게 보면 자신이 주도권을 쥐고 있는 것처럼 느껴지지만 길게 보면 결국 주도권을 잃게 된다. 특히 젊은이들은 성장을 추구해야 한다. 그러려면 자신의 한계를 깨려는 노력을 해야 하는데 그때 필연적으로 실수나 실패가 따르기 마련이다. 실수나 실패 없이 성장과 도약을 바라기는 어렵다.

어렸을 때 신동이나 천재 소리를 들었던 친구들이 어른이 돼서 기대한 만큼 인재로 성장하지 못하는 경우를 본다. 그 주된 이유가 실수나 실패 혐오증에 있다. 고영성, 신영준의『완벽한 공부법』에 신동들이 성장하면서 나타나는 아쉬움에 대한 이야기가 나온다.

"신동들은 왜 우리가 기대하는 것만큼 성취를 못 하는 것일까? 그것은 아이러니하게도 우리가 기대를 많이 했기 때문이다. 신동들은 어렸을 때부터 타고난 능력에 대한 칭찬을 많이 받는다. 그리고 어떤 시험을 보든 최고의 자리를 지키는 경향이 있다. 이런 일들이 반복되다 보면 신동들은 부모님과 담당교사들의 특별한 관심이 없는 경우 고정형 사고방식을 갖고 증명목표에 매달릴 가능성이 크다. 자신의 재능을 증명하는 것이 인생의 목표가 된다. 그런데 자신의 재능을 증명하지 못한다면 어떻게 될까? 피하게 된다. 증명목표에 휩싸인 신동들은 실패를 두려워하게 된다. 자신의 재능 없음을 드러내는 것으로 생각하기 때문이다. 결국 무모하게 보이는 도전을 피하게 된다."

물론 모든 신동들이 다 그렇지는 않을 것이다. 어른이 되어서 주위의 기대만큼 사회와 세상에 기여하는 큰 인물로 성장한 경우도 있을 것이고 그렇지 않은 경우도 있을 것이다. 그 차이는 어디에서 올까?

단편적이고 단순하게 잘라 말하기 힘들 수도 있지만 가장 큰 이유 중의 하나는 위에서 이야기한 기피증에 있다. 사람이 살다 보면 진자리, 마른자리를 두루 거치게 된다. 사람이 어떻게 뽀송뽀송하고 쾌적한 자리만 거치며 살 수 있는가? 때로는 질척질척하고 불편한 환경이나 자리에 들어서게 된다.

그때마다 외마디 비명을 지르며 도망갈 것이 아니라 견디고 극복하는 노력을 통해 성장을 하고 내공이 쌓이는 것이다. 깨끗하고 청정한 지역에서 쾌적하게만 자랄 게 아니라 때로는 불쾌하고 지저분한 환경에서 뒹굴기도 하면서 면역력을 키우기도 하는 것이다.

자신을 증명하지 못할 일은 아예 안 하는 버릇이 들면 그저 고만고만한 상태에 머무르게 된다. 성장이 없는 고정된 현실에 빠지게 된다. 그 고정된 현실에서 벗어나기를 거부하고 계속해서 오로지 자신이 뭔가 보여줄 수 있는 것만 하려 한다. 그러다 좌절이 오면 그대로 무너진다. 실수, 실패, 돌아가기도 해보아야 한다. 원래가 인생길은 직선 길이 아닌 곡선 길인데 직선으로만 가려고 한다.

다행히 부모가 지켜주고 돌봐주는 동안은 그런대로 험한 길을 피하고 포장된 직선 길을 갈 수도 있다. 그러나 부모가 더 이상 보호막이 되어주지 못하는 때가 오게 되어 있다. 어떻게 되겠는가? 피할 수 없는 커브길을 만나는 순간 도로에서 튕겨져 나가 탈선을 하게 된다. 길 밖으로 날것의 상태로 벗어나 있을 때 절치부심하여 다시 길 위로 복귀할 수도 있고 아니면 길 밖에서 헤어 나오지 못하고 그대로 뒤안길로 사라질 수도 있다.

아쉽게도 길 위로 다시 올라서는 경우가 많지 않다. 그 이유는 성장 과정에서 또는 그 이후에도 전혀 그렇게 살아오지 않았고 그런 훈련을 받은 경우가 없기 때문이다. 운동경기에서 승승장구, 무적에 가까운 기세로 전승가도를 달리다가 의외의 일격을 당한 후, 다시 회복하지 못하는 경우를 가끔 본다.

2016년 12월 30일 UFC 여성 밴텀급 전前 챔피언 론다 로우지의 복귀전이 있었다. 상대는 당시의 여성 밴텀급 챔피언 아만다 누네스였다. 그러나 승부는 오래 가지 못했다. 1회전 경기 시작한 지 48초 만에 KO패를 당했다. 1여 년 전 홀리 홈에게 KO로 져 타이틀을 뺏긴 뒤 오랜만에 치르는 회심의 복귀전이었지만 실패하고 말았다. 홀리 홈에게 타이틀을 잃기 전까지만 해도 천하무적이라 불렸던 그녀였다. 거칠 것 없는 그녀의 경기력에 팬들은 환호했고 남성 경기에 비해 인기가 떨어졌던 여성 경기에서 군계일학으로 그 인기는 하늘을 찌를 듯 했다.

그렇게 잘나가던 그녀가 한 번의 패배 이후 그녀는 그 충격을 극복하지 못했다. 복귀전에서의 그녀의 모습은 무기력했다. 옛날의 그녀가 맞나 싶을 정도였다. 거의 모든 도전자들을 압도적 힘과 기량으로 1회전 KO로 무너뜨린 그녀이기에 '추락하는 것은 날개가 있다'란 말을 떠올리기에 충분했다.

실패와 패배의 충격은 사람을 완전히 다른 사람으로 바꾸어놓았다. '또 안 되면 어떡하지'란 심리적인 불안감과 초조함이 육체적 신체적 재능까지도 마비시키고 말았다. '안 될 수도 있다'라는 전제가 없었던 삶에서 안 되는 실패의 경험은 그녀를 크게 흔들었다.

이렇게 나락으로 떨어져본 경험이 그녀의 전체적인 삶에서는 어떻게 영향을 미칠지 궁금하다. 기사에서 WWE 레슬러로 활동할 거라는 소식을 보기도 했고 영화배우로도 활동영역을 넓혀가고 있다는 뉴스를 보기도 했다. 증명이 필요 없을 것 같았던 탄탄한 인생길을 달리다가 커브길을 만나 크게 길 밖으로 탈선을 했다. 그 낭떠러지에서 절치부심, 몸을 추스르며 마음을 다잡아 다시 성공적으로 궤도 위로 복귀할지 귀추가 주목된다. 그녀가 어떻게 흔들어댈지 기대가 된다.

이런 관점에서 부모가 현명하게 생각하고 판단할 게 있다. 꼭 신동이 아니더라도 똑똑한 아이들은 점점 늘고 있지만 마음이 단단한 아이는 좀처럼 찾아보기 힘들다. 그렇지 않아도 불편한 걸 하기 싫어하는 아이들한테 행여나 마른자리에서 벗어날까 봐 조바심 내고 과보호의 그늘에서 자라게 하면 온실 속에서 자란 화초처럼 조금이라도 그 안온한 조건을 벗어나는 순간 맥을 추지 못하고 결국 스러지고 말 것이란 것을.

아이들도 자신의 인생의 시간대 속에서 때로는 실패도 맛보며 힘든 과정을 거치면서 마음의 근력도 키우고 면역력도 키우는 것이다. 대개 부모들은 아이들이 공부만 잘하고 똑똑하게만 자라면 어른이 되어서 보장된 삶을 살 것 같은 착각적 통제감을 갖고 있다. 부모들도 살아봐서 알지만 보장된 삶, 완벽한 삶이란 없다. 언젠가는 자식에게서 부모의 시간대가 어쩔 수 없이 물러가게 되어 있다. 아이들도 커서 성인이 되면 부모로부터 독립하고 완벽하게 자신의 삶을 살아갈 뿐이다. 때로는 질척하고 아픈 가시밭길도 지나면서.

2장

제3의 공간을
가진 사람이
행복하다

집은 위험한 곳이다

집은 가족들과 함께 어울리며 잠을 자고 휴식을 취하는 공간이기도 하지만, 오래 있으면 불편해지는 곳이다. 집이란 아무리 자기 집이어도 붙박이로 붙어 있어야 하는 곳이 아니다. 멀쩡한 사람도 집에만 있으면 금방 무기력해진다. 집에 껌딱지로 붙어 있는 사람을 보면 뭔가 문제가 있는 사람이기 마련이다. 몸이 아파서 거동을 못하는 사람, 사정상 집에 은신하고 있어야 하는 사람, 대인기피증이나 우울증이 심한 사람 등등.

일본 매스컴에서 '히키코모리'라 불리는 사회문제가 심각하다는 보도가 있었다. '히키코모리'란 '은둔형 외톨이'란 뜻이다. '히키코모리' 중에서도 40대 이상인 '중년 히키코모리'가 더욱 심각하다고 한다. 1993년 일본은 버블경제가 꺼지고 경제가 심각하게 위축되면서 잃어버린 20년으로 진입하던 때다.

당시에 많은 20대 젊은이들이 대학 입시에서 떨어지거나 취업에 실패하자 아예 집에 있는 자신의 방으로 침잠해버렸다. 그로부터 20여 년이 흐른 지금까지 사회와 절연한 채 부모에만 의존하면서 자폐적으로 살아온 것이다. 2015년 통계에 의하면 히키코모리 인구가 54만 명 정도인데 이 숫자에는 40대 이상이 포함되어 있지 않다고 한다. 50대 이상을 포함하면 100만 명이 넘어설 것이라는 추산이다. 결코 작은 숫자가 아니다.

그처럼 사회에서 고립되어 살아온 삶은 나빠진 본인 건강도 건강이지만 결국은 본인뿐만 아니라 노년의 부모까지도 경제적 문제를 포함해서 공멸의 길로 들어서게 하고 심지어는 비극을 낳기도 한다. '자신이 죽으면 아들을 챙길 사람이 없다'는 절망감에 70대 노모가 50대 아들을 죽이고 자신도 목숨을 끊는 사건이 일어나기도 했다.

물론 일본에서 1990년대에 경제적인 활력을 잃는 바람에 '히키코모리'를 양산하는 계기가 되었지만 인생에서 가장 황금기인 2, 30대를 힘한번 제대로 써보지 못하고 집에서 그것도 좁은 자신의 방으로 가두어버렸다는 것에 안타까움을 금할 수 없었다. 본인도 본인이지만 부모는 또 무슨 죄인가.

정상적이고 화목한 가정일지라도 집에서 서로 자주 노출되거나 얼굴을 마주쳐봐야 좋을 것이 없다. 집에 가족의 밀도가 높아지게 되면 충돌이나 오해의 가능성만 높아질 뿐이다. 사랑이 충만한 가족일지라도 매일 붙어 있기보다는 각자의 세계로 떨어져 자신만의 왕성한 활동을 하다가 아침저녁으로 봐야 반갑고 사랑스러운 것이다.

가족이기 때문에 아무 조건 없이 서로 공유하고 주고받지만 그만큼 서로에게 기대치가 높아 때로는 서로를 힘들게 하는 것도 사실이다. 집에 있으면 아이들이 늦잠 자는 것부터 자기 방을 치우지 않는 것, 엄마일을 거들지 않는 것까지 눈에 거슬리고 불편하다. 보이는 대로 일일이 지적하고 바른 소리 했다가는 집에서 고성이 끊이질 않을지도 모른다.

일방적으로 가장인 나의 시선으로만 가족에 대한 기대치를 이야기하는 것은 불공평하다. 반대로 아이들도 아빠에게 바라고 기대하는 바가 있을 것이다. 바로 은퇴 여부를 떠나서 돈을 많이 벌고 못 벌고를 떠나서 사회적으로 활동이 왕성한 아빠의 모습이 아닐까.

날이 밝아 아침밥을 먹고 커피 한잔하며 부부가 잠시 수다를 떨었으면 우선 집에서 벗어날 수 있어야 한다. 물론 현재 현업이 있고 다니는 직장이 있다면 자연스럽게 출근을 하게 되겠지만 설령 은퇴했거나 직업이 없어도 집에 계속 머무는 것은 현명치 못하다. 사실 가족들의 기대치가 아니어도 집이 너무 좋다고 느낄 때는 밖에서 한동안 시간을 보내다가 집에 막 들어섰을 때이다.

밖에서의 시간이 치열하고 입에서 단내가 날수록 집에 들어섰을 때의 안도감과 행복감은 배가가 된다. '집이 최고야~!'라는 말은 어딘가 멀리 여행을 떠나 한참을 다녔더니 몸이 고단하고 지쳤을 때 또는 일터로 출근해서 일과 온종일 씨름했더니 피곤해서 파김치가 되어 집에 돌아왔을 때 저절로 나오는 탄성이지, 집에만 하염없이 있을 때 적용되는 말은 아니다.

남자의 경우 은퇴하거나 나이 들어 집에만 있으면 위험한 지경까지도 초래된다. 공포의 삼식이 처지가 되기라도 하면 아내의 예각으로 꽂히는 눈 흘김에 그나마 없는 머리숱은 눈치에 닳아 모두 빠져버릴 판이다. 몇십 년을 직장을 다니며 집과 직장만을 오가는 생활의 프레임에만 익숙한 사람일수록 은퇴해서 집에 있는 시간이 길어질수록 부부간의 다툼이나 갈등이 심각해지기도 한다. 사회적으로 황혼 이혼 문제가 괜히 불거졌겠는가.

그리고 본인 입장에서도 집에 오래 있을수록 자존감은 깎여만 간다.

무기력해지면서 삶의 활력이 급속히 가라앉기도 한다. 뒤에서 다시 이 야기하겠지만 밖에서의 활동 그리고 그것이 가능한 자신만의 또 다른 공간을 만들어야 한다.

이것은 비단 남자에게만 해당되는 건 아니다. 어쩔 수 없이 대부분 의 시간을 집에서 보내야 하는 전업주부의 경우에도 전적으로 집에만 있을 경우의 해악을 피해가지 못한다. 주민회관에서 운영하는 강좌를 들으러 다닌다든지 일정 시간 봉사를 다닌다든지 자신만의 활동을 위 해 집에서 벗어나는 시간을 가져야 한다.

그런 측면에서 재택근무 개념은 처음부터 잘못됐다고 얘기할 수 있 다. 내가 근무했던 미국의 다국적 화학회사인 듀폰의 한국사업체에서 근무할 당시인 1980년대 후반 무렵에 이미 재택근무 이야기가 나왔고 일부 시범적으로 시행되기도 했다.

재택근무를 도입하게 되면 회사 차원에서 사무실 공간을 줄임으로 써 임대비용을 대폭 절약할 수 있고 직원들 입장에서도 매일 출퇴근을 위해 길에 버리는 시간을 자기계발이나 다른 생산적인 시간으로 돌릴 수도 있다. 특히 외근이 잦은 영업사원 입장에서는 어차피 시간을 외부 에서 주로 쓰기 때문에 영업업무의 효율성을 높여줄 수 있으리라는 기 대감도 있었다. 그 이후에도 특히 외국계 회사에선 일부 또는 대폭적으로 시행하기도 했지만 결국은 실패로 끝났고 그 실효성이 없다는 것에 이제 누구도 이의를 달지 않을 것이다.

일단 집을 떠나야 뭔 일이라도 생기는 것이다. 마치 항구에만 머물러 있는 배는 문제가 있는 것처럼 배는 항해를 위해 존재한다. 일단 뱃고동 소리를 내며 바다를 향해 떠나야 그 역할이 비로소 시작된다. 정해진 다음 목적지가 있어서 가든 고기잡이를 위해 망망대해로 나가든 딱히 정해진 곳은 아니더라도 탐색과 탐험을 위해 나가든 배가 있어야 할 곳은 바다인 것이다. 단지 항구는 연료를 다시 채워 넣거나 또는 고장 난 것을 고치기 위해 잠시 머무는 곳이다.

잘 나가는 사람이 잘나가는 것이다. 소위 자신의 분야에서 성공하거나 사회적으로 인정을 받아 활동이 많은 사람을 우리는 '잘나간다'는 표현을 쓴다. 무의식적으로 이 말을 자주 사용해왔는데 곰곰이 생각해보니 이 표현의 유래가 바로 '집에서 잘 나가는 사람'이란 생각이 든다. 집은 오래 있기에 적절한 곳이 아니다.

여기서 '집은 위험한 곳이다'라고까지 표현했다. 그렇게 표현한 이유는 집이 원래 내포하고 있는 안락함과 편안함으로 우리를 쉬게 하고 다시 자신을 추스르는 곳이기는 하지만 어느 선을 넘었을 때 빠질 수 있는 무력감이나 자폐적 상황으로 흐르지 않도록 경계하라는 의미다.

물론 살다 보면 불가피하게 최대한 집에 있는 시간이 필요한 시기가 있다. 특히 결혼해서 아이를 낳고 어느 정도까지 성장할 때까지는 양육을 위해 가급적 집에 있는 시간을 늘려야 할 때가 있다. 아이를 누군가에게 맡겨 키우기 전에는 어쩔 수 없이 하루 24시간 아이와 함께해야 한다. 아이들에 대한 사랑이 가장 필요한 시기이다.

그러나 그 시간의 질은 부모의 입장에서는 희생이자 어려움의 시간이다. 이때는 사랑으로 가사일과 아이를 돌보기는 하지만 때때로 아이와 떨어져 집을 벗어날 수 있는 시간이 간절해진다. 그렇지 않으면 스트레스와 우울증으로 힘들어질 가능성이 크다. 이따금씩이라도 집 밖으로 나가줘야 한다.

집이 위험하다는 표현은 그렇다고 집이 필요 없다는 얘기는 더더군다나 아니다. 집이 없다는 얘기는 그야말로 홈리스Homeless, 가족 없이 정처 없이 떠돈다는 말이 되니 심신이 피폐하고 고단한 삶이기 쉽다. 배의 역할은 바다를 항해하는 것이지만 항구가 없으면 안 되듯이, 사람에게 돌아갈 집이 없다는 건 자신에게 육체적 정신적 안식처가 없다는 의미이니 그 또한 위험하다고밖에 할 수 없다. 심지어는 자신에게 중심이 없다는 얘기가 될 수도 있다. 그야말로 마냥 구천을 떠돌아다닐 수만은 없지 않은가.

삶은 제3의 공간으로 열려야 한다

집을 제1의 공간이라 하고 직장을 제2의 공간이라고 하면 집과 직장과 상관없이 스스로 가고 싶고 정서적으로 끌어당기는 제3의 공간이 있는 게 좋다. 제3의 공간이 여러 곳이든 한곳이든 상관없다. 오로지 제1의 공간과 제2의 공간만 왕래하는 삶이라면 그 삶은 쉬이 피로하고 그 쌓인 피로를 해소하지 못한 채 척박하고 무미건조해지기 쉽지 않을까.

생계를 위해서든 자기실현을 위해서든 돈을 벌기 위한 공간과 잠을 자고 쉬기 위한 공간인 집만 왔다 갔다 하는 단선單線적인 인생살이라면 자칫 너무 단조롭고 탄력을 잃기 쉽다. 그리고 항상 쫓기듯 살게 되거나 밀려 살게 된다. 일에 치여 산다는 느낌으로 살게 된다. 생활 속에서 어쩔 수 없이 발생하는 스트레스와 압박을 제대로 감당해내지 못할 위험성이 크다.

그 삶에 여유와 탄력이 생기려면 단지 제1, 2의 공간에서만 머물지 말고 제3의 공간으로 열려야 한다. 제1, 제2, 제3의 공간이란 단어와 개념은 미국의 사회학자인 레이 올든버그Ray Oldenburg가 1989년 그의 책 『The Great Good Place』에서 사용했다. 편안하고 즐거운 자신만의 공간.

자신만의 공간이라고 해서 반드시 홀로 지내며 즐기는 공간이란 뜻은 아니다. 혼자만의 즐거움을 위해 자신이 좋아하는 취미활동이나 사색할 수 있는 공간일 수도 있지만 제1, 제2의 공간에서 함께하는 사람들과는 유리된, 다른 부류의 사람을 만나는 공간을 의미하기도 한다.

제3의 공간에는 혼자인가 또는 누군가와 함께인가에 따라 두 부류의 공간이 있을 수 있다고 생각한다. 하나는 혼자서 즐기는 고독의 공간이다. 대표적으로 떠오르는 공간이 도서관이나 산책길 같은 곳이다.

나는 개인적으로 특별한 일정이 없는 날에는 대부분 시간을 집 근처 작은 도서관에서 시간을 보낸다. 책을 읽거나 글을 쓰면서 거의 하루 종일 머무는 때도 많다. 시간 가는 줄 모르고 읽거나 쓰다 보면 어느새 밖은 어두워져 있다. 그 말은 도서관에서의 시간을 정말 좋아한다는 것이고 은퇴 이후에 주저 없이 자신을 즐겁게 맡길 수 있는 공간이 집 근처에 있다는 것은 더할 나위 없이 행복한 것이다.

내가 은퇴 전 현업에 있을 때는 딱히 정해놓은 도서관은 없었지만 이동하면서 틈틈이, 고객 방문을 가서는 고객을 기다리는 동안, 주말에 사무실에 출근할 때는 사무실에서 해야 할 일을 마무리하고 책을 읽곤 했다. 책을 읽다가 가슴을 파고드는 문장이나 글귀를 만나게 되면 한동안 그 페이지에 머물면서 그 의미를 곱씹기도 하고 가슴 데이는 표현들과 문장들을 따로 메모를 해놓곤 했었다. 당시에는 고정된 제3의 공간이 아니라 이동하면서 틈새의 시간을 따라 책을 읽을 수 있는 여유가 주어지는 장소가 나 홀로 즐기는 제3의 공간이었다. 그렇게 메모를 해놓은 분량이 퇴직을 할 당시에는 제법 축적이 되어 책을 써도 되겠다는 동기를 지피는 불씨가 되었다.

어느 일요일인 봄날에 고등학교 동창들과 경인 아라뱃길 트래킹을 하고 있었는데 길가에 텐트를 치고 그 옆에 편안한 간이의자에 몸을 푹 파묻힌 채 멍 때리고 있는 분을 발견했다. 그 모습이 특이해서 텐트 안도 들여다보니 텐트 안에는 아무도 없었고 그 자세로 경치를 바라보면서 편안하게 계속 앉아 있었다. 왜 그럴까.

때로는 사람들은 혼자 있고 싶어한다. 지난 한 주 내내 직장생활에서는 스트레스와 압박에서 자유로울 수 없었으리라. 그걸 몸과 마음에서 털어내는 시간과 공간이 필요하다. 특히 그것이 사람들로부터 오는 힘겨움이었다면 나 홀로 자신을 추스르고 회복하는 시간이 절실하다. 그분이 힘을 빼고 혼자만의 시간을 누리는 그곳이 바로 퀘렌시아Querencia가 아닌가 싶다.

투우사와 싸우다가 지친 소는 자신이 정한 그 장소로 가서 숨을 고르며 힘을 모은다. 기운을 되찾아 계속 싸우기 위해서다. 소만 아는 그 자리를 퀘렌시아라고 부른다. 피난처, 안식처라는 뜻이다. 투우뿐만 아니라 사람에게도 평화와 회복의 장소가 필요하지 않겠는가.

또 다른 부류의 제3의 공간으로는 친구 또는 아는 지인들과 함께 정기적이든 비정기적이든 모이는 공간일 텐데 내게는 한동안 주말이면 고등학교 동창 친구들끼리 모이는 당구장이 있었다. 매 주말마다 친구들끼리 모여 저녁내기 당구도 치고 저녁때 소주 한잔하며 이런저런 얘기 나누면서 일주일 동안 쌓인 스트레스를 푸는 자리였다.

주중에는 회사에서 격식과 팽팽한 긴장 속의 인간관계에 둘러싸여 있다가 주말에는 제3의 공간에서 마음에 맞는 친구들과 즐거운 시간을 보내면서 뭉쳐 있던 마음의 근육을 푸는 것이다. 그러면 그 다음 월요일을 여전히 뭉쳐 있는 마음의 뻐근함을 가지고 시작하는 것보다 훨씬 가볍고 산뜻하게 맞이하게 된다.

사람들에게 제3의 공간은 저마다 다를 것이다. 누군가는 혼자 또는 친구와 낚시를 떠날 수도 있고 스포츠 동호회처럼 정해진 운동장이나 코트에서 운동으로 땀을 흘리며 즐거운 시간을 갖는 사람도 있다.

공간 자체로만 생각해본다면 카페 같은 공간이 가장 제3의 공간에 어울리는 공간일 것 같다. 카페는 위에서 말한 두 가지를 모두 겸한 공간이라고 말할 수 있겠다. 그곳에서 친구 또는 지인을 만나거나 아니면 혼자서 노트북으로 할 수 있는 여러 작업을 할 수 있다. 그리고 책을 읽고 글을 쓸 수도 있다.

언젠가 직장을 다니면서도 책을 내서 베스트셀러 작가가 된 어느 분의 북 콘서트에 갔었다. 그분은 주중에는 직장 다니느라 책을 쓸 시간을 내기가 어려웠고 주말이면 집 근처 카페에서 글을 쓰고 정리했다는 이야기를 직접 들었다. 그리고 자신은 카페에서 글을 써야 잘 써진다고 했다. 그분에게는 카페가 글쓰기를 통해 자신과 대화도 하고 더 나아가서는 베스트셀러를 만들어낸 생산적인 공간이었으니 더할 나위 없는 제3의 공간이란 생각이 든다.

영유아기나 어린 시기에는 불가피하게 부모님의 보호를 받아야 하니 제1의 공간인 집에 머무는 시간이 많을 수밖에 없고 공간적으로 집에 의존할 수밖에 없다. 성장하면서 학교를 다니기 시작하고 그 밖에 외부의 활동이 많아지면서 집에 대한 의존도가 점점 작아진다. 성인이 되어 사회에 진출해서 자신의 경제적인 부분을 책임지고 자아실현을 위해 취업을 하게 되면 자연스럽게 주 무대가 제2의 공간인 직장이나 일터로 옮기게 된다.

거의 시간의 대부분을 제1의 공간과 제2의 공간을 왕복하면서 시간을 보내게 된다. 벽시계의 시계추가 단순히 좌우로 왔다 갔다 진자 운동을 반복하는 것처럼 자칫 사는 게 기계적으로 존재하는 게 아닌가 싶을 정도로 단순해진다. 사람이 기계가 아닌 이상 피로감이 올라갈 수밖에 없고 무기력해지기도 한다. 그래서 이를 이겨낼 것이 필요하다. 사람이 장소와 공간을 떠나서는 살 수 없다. 내가 주로 머무는 공간의 단선화된 궤적에서 오는 무력감과 답답함을 또 다른 공간을 찾아서 해결해야 한다. 공간은 공간으로 숨통을 틔워줘야 한다.

즉 제3의 공간이 필요한 것이다. 자신을 추스르고 자기를 회복시켜주는 공간, 자신을 저 먼 우주공간에서 바라보듯 객관적으로 관조할 수 있는 공간, 힘과 기운을 받는 공간, 즐겁고 행복해지는 공간 같은 곳 말이다. 자신이 쓰는 시간의 한 모퉁이에서 제3의 공간을 적절히 활용하고 이용하는 사람은 제1, 제2의 공간의 시간에도 긍정적인 순환의 피드백을 돌려줄 가능성이 높다. 마치 물속의 잠수부가 산소통의 산소가 거의 바닥났을 때 물 밖으로 나와 다시 산소를 공급받아야 다시 물속으로 들어갈 수 있듯이 제1, 제2의 공간에서 보내는 시간에 다시 활력을 불어넣어 주고 자칫 흔들렸던 중심을 가눌 수 있도록 잡아준다.

어느 누구도 예외 없이 때가 되면 제2의 공간에서 물러나야 하는데 평상시 제3의 공간을 여하히 갖고 있었는가와 그곳에서의 활성화 여부는 은퇴 이후의 삶에 큰 영향을 끼치기도 한다.

자신이 좋아하는 취미 활동이나 하고 싶어했던 일들을 제2의 공간에서의 일과 병행하면서 꾸준히 즐기면서 연마하고 축적해온 사람들은 은퇴 이후에도 삶의 탄력이 달라지지 않는다. 나이가 더 들어도 그것들이 토대가 되고 지속이 되어 자신만의 의미 있는 일을 찾아 하게 되고 제3의 공간에서의 활동이 더욱 확대되고 활성화된다. 은행지점장으로 근무하다 은퇴한 어느 지인은 평소에 오페라와 클래식을 좋아해 꾸준히 공연도 즐겨 보고 그에 대한 공부와 취미 수준의 활동을 해왔는데 지금은 시니어들을 상대로 '쉬운 오페라 산책'이라는 제목의 강의를 진행하며 바쁜 나날을 보내고 있다.

　　은퇴 이후에 '뒷방 노인네'가 아닌 자신이 좋아하고 즐기는 분야에서 과거의 억지스러웠던 분주함이 아니라 생기生氣를 동반하는 자신만의 박자대로 즐겁게 사는 것이다. 은퇴 시에 제3의 공간이 준비가 잘되어 있다면 그 사람은 행복한 노후를 보낼 가능성이 아주 높다. 반대로 제3의 공간이 준비되어 있지 않아 다른 선택지 없이 오로지 제1의 공간인 집에서만 시간을 보내고 머물게 된다면 노후의 삶은 무기력하고 우울한 시간들로 이어질 공산이 크다. 정말 '뒷방 노인네' 신세로 전락할지 모른다.

제3의 공간의 요건

책『프레임』의 저자인 최인철 교수의 동영상 강의를 들은 적이 있다. 최 교수도 강의 중간에 '제3의 공간을 가진 사람이 더 행복해질 가능성이 높다'라고 얘기한다. 집과 회사를 제외한 마치 자신의 아지트 같은 장소를 말하는데 그 조건은 다음과 같다.

1. 격식, 서열 없는 곳
2. 소박한 곳
3. 수다
4. 출입의 자유
5. 음식

조건들을 보니 자신이 좋아하는 사람들과 공통의 흥미나 관심사로 모이고 대화하는 곳, 그리고 먹는 즐거움이 더해지면 금상첨화인 곳이다. 언뜻 카페 같은 곳이 떠오르기도 하고 친구들이 자주 모이는 단골식당이 연상되기도 한다.

그래서 그런지 카페는 더 이상 커피를 파는 곳이 아니라고 한다. 시간, 공간과 무선 인터넷을 파는 곳이라고 한다. 친구도 만나고 사업상 만나야 할 사람을 만나기도 하고 리포트도 쓰고 이메일도 보내고 책도 읽고 웹서핑도 하고 혼자 커피 향에 젖어 멍 때리거나 사색에 잠기기도 하는 그야말로 그 용도가 다양하다. 내가 무슨 목적을 가지고 가느냐에 따라 도서관도 되고 사무실이 되기도 하고 응접실이 되기도 한다.

그래서 그런지 우리나라는 카페 천국이지 싶다. 인스타그램에 사람들이 올리는 사진 중 상당수가 자신이 들렀던 카페 사진들이라고 한다. 나는 블로그를 하는데 이웃 블로거들이 포스팅하는 소재 중에 자신이 즐겨 가는 카페나 여행 중에 만난 멋진 카페에 대한 글들이 맛집 못지않게 자주 올라온다.

예전에는 집들끼리 서로 방문을 주고받으며 차도 한잔하고 때로는 식사 대접도 하곤 했는데 이제는 집이 점점 사적인 공간이 되면서 가족 이외의 외부인을 들이는 풍경은 없어진 것 같다. 그래서 바깥에서 손님을 맞는 응접실 같은 공간이 필요하게 됐고 카페가 그 기능을 온전히 대신하게 된 것이다. 그래서 누군가는 카페를 '파트타임 거실'이라 부르고, 김영하 작가는 카페가 우리나라 전통가옥의 툇마루 구실을 하고 있다고 비유하기도 한다.

내가 대학생일 때는 친구들이 수시로 모이는 다방이 있었다. 지금은 카페지만 우리가 대학생일 때는 다방이었다. 그 당시 내가 사는 인천에서 동아리 활동을 했었는데 방학이면 각기 다른 대학교를 다니는 남녀 친구들이 인천 신포동에 있는 '통일다방'이란 곳에서 수시로 모이곤 했다. 말하자면 '통일다방'이 우리들의 아지트였다.

모일 일이 있으면 거의 예외 없이 통일다방에서 모였다. 혹은 연락이 없었더라도 시간이 남아 짐짓 그곳에 가보면 몇몇 친구들과 조우하는 경우도 많았다. 거기서 모여서 수다 떨고 배고프면 근처 식당에 가서 값싼 안주에 막걸리나 소주를 걸치며 밤늦도록 얘기꽃을 피우기도 했다. 그 시절을 생각하면 아련하게 그곳의 모습이 떠오르면서 혼자 피식 웃고는 한다.

그때는 때 묻지 않은 순수함으로 대수롭지 않은 작은 것에도 까르르하며 웃고 파안대소하고, 가진 것이 없어도 같이 모이기만 하면 푸근한 안도감이 있었다. 성격과 취향을 불문하고 서로 어울려 다니는 것만으로도 즐거웠다. 공간을 얘기하지만 초점은 모이는 사람들이 아닐까 싶다. 그 공간에서 같이 모이게 되면 행복해지는 사람들 말이다. 공간은 사람들을 통해 장소로서 살아난다.

그러다가 나이가 들면서 직장을 잡고 사회생활을 시작하면서 그런

아지트와 같은 공간이 사라지고 말았다. 결혼도 하고 자신의 가정을 꾸리면서 가족에게 매이게 되고 회사는 회사대로 경력이 붙을수록 너무 바빠져서 아지트와 같은 제3의 공간을 둘 정도로 여유롭지 못하다. 40대까지는 각 분야에서 또는 조직에서 중추적인 역할들을 하다 보니 자신뿐만 아니라 주위를 돌아볼 겨를이 없다. 주중에는 저녁시간이더라도 회사 관련 약속 말고는 개인적인 약속을 잡기가 어려웠고 주말에도 출근하는 경우가 다반사였다. 집에서 쉬는 주말이면 꼼짝하기 싫어서 그냥 집에서 빈둥거리거나 모자라는 잠을 채우는 것으로 시간을 보내곤 했다.

나의 경우를 덧붙여서 이야기하자면 40대가 회사에서 성공의 정점으로 치닫는 시기라고 생각했고, 따라서 시간의 우선순위가 회사 일이다 보니 회사에서의 시간뿐만 아니라 회사 밖에서의 시간 씀씀이도 회사 일을 염두에 두거나 회사생활을 보조하는 패턴의 나날을 보내지 않았나 싶다. 집에서의 시간도 단지 잠을 자고 다시 회사를 향해 출근하기 위해 쉬는 시간을 보내는 식이었다. 한마디로 회사 일이 삶에서 최우선 순위였던 시기였다. 그러다 보니 제3의 공간이란 개념도 모르지만 아예 그 필요성을 느끼지 못했고 개인적인 시간을 누린다는 게 언감생심焉敢生心이었다.

40대가 지나고 50대가 되면서 주변을 돌아보기 시작하게 되었다. 그런데 그건 나만 그런 게 아니었다. 동창들이 동시다발적으로 자연스럽게 서로를 찾기 시작했다. 각자의 분야에서 사회적으로 가장 치열하게 살았던 40대를 보내고 나니 '이렇게만 사는 것은 아닌 것 같은데'라는 회의가 들기 시작한 것이다.

남들은 어떤 생각을 갖고 사는지 어떻게 살고 있는지 주위를 둘러보기 시작한다. 학교 시절 막역하게 지냈던 동창들, 친구들이 먼저 안부가 궁금하고 가장 어울리기 쉬울 테니 서로 연락하고 만난다. 등산이나 골프, 또는 당구 같은 공동의 취미로 모이기 시작하고 동문 전체의 큰 모임도 모임이지만 마음이 맞는 친구들끼리 정례적인 또는 번개 모임도 훨씬 많아진다.

자기 잘난 맛에 오만을 떨 때도 있었고 자신만 잘하면 그만이란 생각을 가진 적도 있었지만 그리 오래가지 못한다. 집과 직장으로만 이어지는 단선적인 생활만으로는 정신과 정서적 균형이 버티질 못한다. 결국 사람들을 찾게 되고 사람들과 통하게 된다. 물론 직장에도 사람들이 있고 그들과 부대끼는 시간이 가장 많지만 그들과 유리되어 경제적 목적성이 배제된 채 오롯이 사람 대 사람으로 주파수와 울림을 공유할 수 있는 그런 사람들 말이다.

시간이 지날수록 마음이 맞고 바라보는 곳이 같은 사람들과 함께하는 시간의 비중이 더 커진다. 젊을 때는 휩쓸려 다니듯 여기저기 쫓아다니기만 해도 좋았는데 이제는 만나면 감성이 통하고 공통적인 결핍을 갖고 서로 작용, 반작용이 가능한 사람들과의 모임이 좋다. 모여서 서로 마주하면 입가에 잔잔한 미소가 지어지고 이야기를 나누다 보면 때로는 파안대소도 터지면서 헤어질 땐 다음 모임이 기대가 되는 사람들의 모임 말이다. 20대 때 수시로 들락거렸던, 그러나 결혼하고 사회생활을 시작하면서 상실했던 아지트와 같은 공간이 되살아난다. 그 장소에 들어서면 그곳에서 모이는 사람들로 인해 그 장소가 살아나고 내가 살아난다.

이런 아지트와 같은 공간에서 모이는 사람들의 모임이 발전적이고 지속가능하려면 특히 경계해야 할 것이 있다. 요즈음 기업에서도 홍보를 위한 광고 행사나 마케팅에서도 금기시하고 있는 게 있다. 그것이 바로 일방적 소통, 과도한 텍스트, 자랑질이다. 대놓고 고객들에게 홍보를 작정하고 일부러 비싼 돈 들여 하는 기업들의 마케팅 행사에서도 자제할 정도인데 개인 대 개인들이 서로 좋아서 삶의 여유를 찾고자 모이는 장소에서는 더 말할 나위가 없다.

자신이 가진 물질적인 것을 과시하거나 습관적으로 자신의 주장을 강조해 스스로를 돌보이려는 욕심을 가진 사람은 기업들도 경계하는 과잉 텍스트를 난사하게 된다. 앞서 최인철 교수가 이야기한 조건들 중에 첫 번째와 두 번째 요건을 크게 손상할 우려가 있다. 자칫 모임의 서열화를 만들고 파벌을 조장할 수 있다. 그것은 본인에게도 좋지 못할 뿐만 아니라 그 모임의 다른 사람들에게도 분열을 조장하고 제3의 공간에서 사람들이 추구하는 기본 취지인 스트레스를 풀고 삶의 활력소를 주는 장소로서의 역할이 손상된다. 결국 사람들로 하여금 모임을 떠나게 만드는 결과를 초래한다.

나만 그런 게 아니라 아내도 그렇고 주변 사람들을 봐도 이제 사람들을 만날 때 만나면 즐겁고 마음이 편한 사람들과 같이하려는 경향이 더 강해지는 걸 읽을 수 있다. 같은 취미, 같은 활동, 같은 성향의 사람들, 그리고 같은 가치를 공유하는 사람들, 그중에서도 남을 배려하고 존중할 줄 아는 사람들과의 모임들 말이다.

그리고 언젠가 한 후배에게서 산을 다니면서 아름다운 야생화나 들꽃들을 찾아 사진도 찍고 식생에 대한 지식도 높이는 모임에 대해 이야기를 들은 적이 있다. 단지 등산만 하는 것이 아니라 평소에는 무심코 지나쳤을 소소한 자연 속의 꽃들과 식생에 관심을 가지고 알아간다는 것에 상당한 매력을 느끼기도 했다.

내게는 꽃이나 식생에 대한 주제까지는 아니어도 단순한 등산모임이지만 고등학교 동창 등산모임이 있다. 그 모임을 좋아하는 이유는 등산이란 활동을 좋아하기도 하지만 무엇보다 그 모임에 모이는 친구들이 좋기 때문이다. 등산이라는 공통의 취미를 바탕으로 수다와 파안대소의 즐거움을 공유하는 친구들이 보고 싶어서 정기적으로 참여하고 있다.

가면 갈수록 서로 배려하며 자연을 존중하고 사랑하는 사람들의 모임이 좋다. 정기적으로 참여하는 독서모임도 마찬가지다. 여러 다양한 장르의 책들을 읽고 그 소감과 견해를 나누고 교환하면서 앎과 깨달음의 즐거움을 키워나가는 가치를 함께 하는 분들과의 모임이다. 혼자서라도 책을 읽는다는 것은 좋은 일이지만 같이 모여서 다른 사람들의 의견과 해석을 듣는다는 것은 책의 다양한 시각들이 함께 내 안에 들어오는 것이다. 이제 누구와 있는가에 방점을 찍게 된다. 결국 공간의 완성은 사람이다.

여기서는 공간과 장소라는 두 단어를 혼용해서 사용하고 있지만 엄밀히 말하자면 두 단어의 의미에는 차이가 있다. 두 단어에 어떤 의미의 차이가 있는지는 일단 따져보고 훑어볼 필요가 있다는 생각이다.

먼저 공간이란 단어를 보자. 공간空間을 한자로 풀어보면 빌 공空 자와 사이 간間 자로 이루어진 단어이다. 비어 있는 사이란 의미가 될까. 국어사전에서도 '비어 있는 곳'으로 뜻풀이가 되어 있다. 어떤 특정한 성격으로 규정할 수 없는 추상적인 개념으로 해석할 수 있다.

그에 비해 장소場所의 사전적인 의미는 '어떤 일이 이루어지거나 일어나는 곳'이다. 어떤 일이 이루어지거나 일어나기 위해서는 무엇이 필요할까. 바로 사람과 시간이다. 사람과 시간이 개입되면서 그곳의 성격이 규정되는 구체적인 개념이라고 볼 수 있다. 그러나 공간과 장소를 엄정하게 나누어 구별 지을 필요는 없다는 생각이다. 개념상 공간은 시간이 배제되어 있다고는 하지만 결국 공간을 시간과 분리해서 생각할 수 없다. 또한 사람들이 모이고 연결되면서 구체적인 장소가 된다.

시작이 어려울 때 공간을 바꾼다

나름대로 큰 작업을 위해 마음의 전기轉機가 필요하고 긴 호흡이 필요할 때, 즉 최소한 며칠 동안 한 가지 흐름 속에 있으면서 집중이 필요한 일을 할 때는 물리적 거리가 있는 어디론가 조용한 곳을 찾아간다.

처음 책을 쓸 때 춘천에 있는 친구의 아파트에서 3박 4일 또는 4박 5일 동안 혼자 있으면서 글을 썼다. 한 번이 아니라 서너 번 그렇게 친구의 아파트를 이용했었다. 그 친구는 춘천에 사업장을 갖고 있는데, 주중에는 춘천에 있지만 주말에는 가족이 있는 인천 집으로 간다. 때로는 출장으로 춘천을 비우는 경우도 있다. 그렇게 친구가 자리를 비우는 날에 친구의 아파트 신세를 진다. 빈 공간에 오롯이 나를 던져놓는다.

책을 쓴다거나 뭔가 해야 할 큰 작업을 앞두고서 집에서는 발동이 잘 안 걸린다. 아무래도 수시로 찾아오는 일상의 간섭이 있다 보니 비행기가 활주로에서 잔뜩 뜸만 들이고 이륙장으로 나서지 못하는 꼴이다. 시작이 제대로 안 될 때 또는 중간에 슬럼프일 때는 장소의 변화를 꾀한다. 몰입과 집중이 잘되는 곳을 찾아 나를 던져놓는 것이다. 몸이 가면 자연히 마음이 따라 가게 되어 있다.

뇌는 기본적으로 게으르고 변화를 싫어한다. 뇌는 효율성 위주로 기능하게 만들어졌다. 뇌는 기존의 상황과 일상이 지속되기를 좋아한다. 익숙한 곳의 일상과 환경에 계속 놓이게 되면 뇌는 관성과 타성을 좋아하기 때문에 여간해서는 일상의 타성을 깨기를 거부한다. 새로이 시도

하려는 변화가 묵직하면 할수록 시작하기 더 어렵다.

집에 있으면서 뭔가 차원을 달리하는 일을 시작하려면 쉽지 않은 이유가 거기에 있다. 그래서 장소의 힘을 빌리는 것이다. 일단 장소를 바꾼다. 그러면서 뇌에게 일상에서 벗어나 있음을 천명하고 마음과 자세의 새로운 배열을 유도하는 것이다. 장소를 전환한다는 게 큰 효력을 발휘한다.

지금은 골프를 치지 않지만 한창 젊어서 골프를 칠 때는 골프에 완전 빠져 있었다. 그 이유가 골프를 치는 게 재미있기도 하지만 서울을 떠난다는 게 좋았다. 서울에서 좀 떨어진 자연의 녹색 잔디와 아름다운 조경 속에 있다 보면 속세의 일들이 전혀 생각이 나지 않는다. 그 멀어진 거리만큼 심리적으로도 일상에서 간섭하고 엉기어 있던 것들이 거리만큼 떨어져 나간 것이다.

같은 맥락으로 장소 전환의 힘을 빌려 무언가를 새로이 시작하려면 물리적인 거리도 좀 있는 게 좋다. 기차를 타거나 버스로 어느 정도 시간을 가야 닿는 곳 말이다. 늘 같은 것을 보고 겪는 일상의 환경으로부터 멀어질 때 마음의 거리도 생긴다.

일상의 일들이 눈으로 보이지 않고 귀로 들리지 않는 나만의 장소에 처해졌을 때 새롭게 해야 할 일에 대한 몰입이 생성되고 작업의 흐름이 만들어진다. 한번 타기 시작한 흐름은 때론 마치 계곡물이 흐르다 크고 작은 웅덩이를 만나면 잠시 머물고 주춤하기도 하지만 그 웅덩이가 다 채워지면 다시 흘러가는 것처럼 계속 이어진다.

며칠 동안 혼자만의 공간에서 집중했던 시간은 지지부진했던 작업을 저만치 성큼 가져다 놓는다. 내로라하는 작가들이 작정하고 책을 쓸 때는 외딴 섬으로 들어간다든지 멀리 떨어져 있는 고립된 자신만의 공간으로 길게는 몇 달씩 들어가 있는 이유를 알 것 같다.

명망 있는 전문 작가들처럼은 아니더라도 내가 글을 쓰기 위해 즐겨 춘천을 가는 것도 같은 이유다. 한번 가게 되면 4박 5일 정도 나 홀로 있는 것이다. 물리적 거리도 있고 나 혼자만 있다 보니 누구 신경 쓸 사람도 없이 나와 글쓰기만 신경 쓰면 되는데 아무래도 감성의 예민함이 살아나고 생각의 흐름과 반응이 보다 예리해진다.

나영석 PD의 〈숲속의 작은 집〉이란 프로를 우연히 춘천에서 본 적이 있다. 소지섭과 박신애가 혼자만의 시간을 어떻게 보내는지 궁금했다. 책을 보고 요리하고 식사하고 산책한다. 소지섭은 책을 보다가 낮잠을 잤는데 30분 낮잠을 푹 잔 모양이다. 너무 편하게 잤단다. 서울에 있을 때는 생각이 많아서 보통 그런 잠을 자지 못한다고 한다. 박신애는 한 시간 책을 보는데 평소 집에서 책을 볼 때보다 2배 분량의 책을 읽었다.

아무래도 자연으로 둘러싸인 고즈넉한 장소에 있다 보니 머릿속의 여러 잡생각에서 자유로워진다. 잠을 자든 책을 읽든 하는 일에 대한 집중과 몰입도가 엄청나게 고양된다.

비단 개인적인 작업에만 국한되는 것이 아니라 회사에서도 직원들의 생각의 집중과 창의성을 이끌어 내기 위해 장소 전환의 힘을 이용하기도 한다. 다음 회계연도 매출 목표나 장단기 사업계획 같은 중요한 의제를 다루거나 직원들의 말랑말랑한 탄력적인 사고와 브레인스토밍 Brainstorming이 필요한 회의를 할 때는 서울에서 멀리 떨어진 근사한 풍광이 있는 휴양지나 리조트에 가서 회의를 하곤 한다. 목적지로 가기 위해 이동을 시작하는 것만으로도 직원들의 생각과 사고의 얼라인먼트 alignment를 흔들기 시작한다. 자신이 익숙했던 공간과 분위기와 냄새에서 벗어나서 전혀 다른 공간과 환경에 처해졌을 때 새로운 자극을 받기 시작한다.

아무리 생각이 고집스럽고 마음 씀씀이에 융통성이 없을지라도 자신이 머무는 공간의 영향을 받지 않을 수 없고 장소가 전환되면 마음이 출렁일 수밖에 없다. 일부러 비싼 돈 들여 가는 이유가 있는 것이다. 장소의 전환을 통해 생각의 전환, 관점의 흔들기를 이끌어내는 것이다.

이것은 비단 거창한 이벤트나 사안에서만 해당되는 이야기가 아니고 소소한 일상에서 풀리지 않는 일이 있을 때도 적용된다. 예를 들어, 집구석 어딘가에 잘 보관했다고 생각했던 열쇠나 여권을 찾는데 좀처럼 찾을 수가 없는 경우, 일단 찾는 일을 접어놓고 집에서 벗어난다. 그렇게 머리를 조아리며 찾던 장소나 상황에서 벗어나 그냥 걷든지 혹은 다른 장소에서 다른 일을 하다 보면 어느 순간 불현듯 '아~, 거기' 하면서 찾는 게 있을 법한 장소가 퍼뜩 생각이 난다.

누구나 이런 경험은 갖고 있을 것이다. 집에서 처음 부산하게 찾기 시작할 때는 보관 장소에 대해 시간이 지나면서 만들어진 잘못된 기억에 매몰되어 다른 생각이 나지 않는다. 그런 때는 일단 자신을 그 장소에서 풀어주는 게 필요하다. 집에서 나와 걷거나 다른 일을 하면서 관점의 흔들기가 만들어지면서 원래 제대로 보관했던 장소가 생각이 나는 것이다.

장소를 전환하기 위해선 꼭 거창하거나 멀리 움직여야만 하는 건 아니다. 지금 무엇을 하든 간에 마음이 우울하거나 처져 있다면 기분전환이 필요하다. 지금 있는 장소에선 마음 바꾸기가 어렵다.

이럴 때도 지금 있는 곳에서 벗어나보는 것이다. 가까운 뒷산이나 산책로를 걸으면 무겁고 잔뜩 주름 잡힌 마음이 펴지고 한결 나아지고 홀가분해지는 느낌이다. 헨리 데이비드 소로우의 『월든』 중에 나오는 한 구절을 곱씹어볼 만하다.

"이곳만이 세상의 전부가 아니니 천만다행한 일이 아닌가?"

3장

공간 경험치가
그 사람
인생이다

여행이 주는 감탄의 즐거움

우리는 TV로 또는 책자로 세계적인 관광 명소나 숨을 멎게 할 정도의 멋진 장소를 보고 그곳의 풍광을 머릿속에 담고 정보로서 이해할 수 있다. 그러나 그것만으로는 부족하고, 오히려 그곳을 가보고 싶은 소망과 욕구가 일어난다. 당장은 아니더라도 가고 싶은 여행지로 계획에 포함시키거나 버킷리스트에 올려놓는다. 마음속에 품었던 가고 싶은 곳에 직접 가서 현장에서 받는 감동과 전율은 책자나 방송을 통한 간접적인 경험과는 비교할 수 없고 도저히 말로는 설명이 안 된다. 그래서 사람들은 여행을 떠난다.

여기서 잠깐 여행에 대해 이야기를 하고자 한다. 여행이 주는 즐거움이 뭘까? 세 가지 즐거움으로 요약할 수 있을 것 같다. 첫 즐거움은 벗어남의 기쁨이다. 반복되는 일상이 부르는 권태로움과 스트레스에서 벗어나는 것이다. 일단 여행 일정이 정해지면 떠난다는 것만으로도 설레기 시작한다. 여행지로 출발하기 전까지의 나날들은 설렘과 가벼운 흥분으로 좋은 기분으로 지내게 된다. 가보지 않은 곳에 대한 기대감과 설령 가보았더라도 얼마나 좋은지를 알고 있고 휴식과 위안이 기다리고 있다는 것을 알기 때문에 이미 마음은 행복하고 들뜨기 시작한다. 낯선 행복을 기대하며 떠나는 것이다.

두 번째 즐거움은 여행 목적지에서의 환희다. 상상치 못한 공간이 열렸을 때 느끼는 감동과 감탄이다. 사회에서 만나 계속 인연을 이어오고 있는 후배가 있다. 그 후배는 지금은 자신의 사업을 하고 있지만 과거에 대기업을 다니던 시절, 5년간 유럽의 지사장으로 가족과 함께 독일 프랑크푸르트에서 산 적이 있었다. 그 5년 동안, 유럽의 구석구석을 가족과 함께 여행 다녔다고 한다.

언젠가 술자리에서 그 후배에게 물었다. 그렇게 유럽을 다양하게 여행한 중에 어디가 가장 인상 깊었는지 남들에게 추천할 만한 곳이 어딘지가 궁금했다. 나는 이탈리아나 알프스를 끼고 있는 스위스나 오스트리아를 이야기할 줄 알았는데 나로서는 의외인 곳을 후배는 지칭했다.

바로 빙하시대가 만들어낸 피오르 지형으로 대표되는 노르웨이를 추천했다. 노르웨이의 '달스니바Dalsnibba'란 곳을 가족과 함께 간 적이 있었는데 온 가족이 풍광에 압도되어 한동안 말을 잇지 못했다고 한다. 그당시 어린 딸이 감동에 겨워 아빠에게 안기더란 이야기를 하는데 정말 노르웨이를 가보고 싶은 충동을 받았다.

세 번째 즐거움은 무얼까. 바로 돌아갈 곳이 있다는 안도감이다. 나를 기다리고 있는 곳이 있다는 안정감은 여행 중에 피곤하고 때로는 두려움이 엄습하더라도 견뎌낼 수 있는 힘을 준다. 즐겁고 환희의 감정도누리지만 고단하고 힘들었던 여행을 마치고 돌아갈 내 삶의 터전, 즉집이 있다는 기쁨이다.

여행의 목적지는 반드시 대중적으로 알려진 관광명소여야 할 필요는 없다. 오히려 그런 곳은 사람들로 붐비기 십상이고 상업적 목적이너무 도드라져 온전한 감상의 유희를 즐기기 어려운지도 모른다. 자신의 감성과 숨겨진 환희의 욕구를 열어줄 곳이면 어디든 좋지 않겠는가. 가보기를 갈구했던 여행지의 공간은 실제 가서 보고 겪지 않고는 느낄수 없고 설명할 수도 없는 현장에서의 감탄이 있다.

사람에게는 감탄을 추구하는 본능이 있는 듯하다. 모험가는 한 번의감탄을 느끼기 위해 목숨을 걸기도 한다. 그 본능이 어떤 이유에서든

간에 봉쇄되고 발휘되지 못할 때 생활은 윤기를 잃고 뭍으로 건져 올려진 물고기처럼 활력을 잃어간다.

감탄은 사람이 느끼는 최고의 감정이다. 감탄으로 탄성을 지를 때 자신이 생명력으로 반응하며 살아 있음을 확인하고 스스로 확장의 감각을 갖고 있음을 반증하는 순간이다.

감탄을 느끼는 경로는 비단 여행뿐만 아니라 여러 가지일 수 있다. 자신이 좋아하는 음악이나 영화를 따라 공연장이나 극장에서 진한 여운의 감동을 느끼기도 하고 좋아하는 운동 경기가 있다면 경기장에 가서 다른 사람들과 목청 높여 선호하는 팀이나 선수를 응원하면서 카타르시스를 느끼기도 한다.

그러한 행위도 결국 장소와 공간을 바꾸는 전제를 통해 이루어진다는 점에서 여행의 범주에 들어가지 않을까 싶다. 여행은 바로 공간과 장소의 이동을 통해 즐거움을 얻고 감동, 감탄을 느끼는 적극적인 행위다.

바깥에도 에어컨을 켜놓은 나라

　　　　　　나의 경우는 제한적이지만 우리나라 바깥의 나라들을 꽤 가보고 경험했었다. 그 이야기들을 여기서 간략하게 하고 싶고, 반대로 외국에서 살다가 우리나라 겨울을 처음 경험한 사람들의 반응이 어떠한지, 심지어는 어떤 창의적인 표현이 나올 수 있는지를 보면 재미있기도 하다.

　나는 우리나라 안팎을 망라해서 가본 장소나 국가가 아주 많다고는 할 수 없다. 그래도 외국계 회사에서 주로 일을 하다 보니 보통의 또래보다는 일찍 외국에 나갈 기회가 있었고 일 때문에 해외를 나가기 시작했기 때문에 가본 곳은 다양하지는 않지만 횟수는 비교적 많지 않았나 싶다.

　아무래도 가장 기억에 남는 나라와 출장은 태어나서 처음 우리나라를 벗어났던 1985년도 일본이었다. 모든 사람들이 그렇듯이 처음으로 해외를 나가는 거라서 출발 며칠 전부터 마음이 들떠 일이 잘 안 될 정도였고, 비행기도 처음 타보는 거라서 이륙 직전에는 겁도 나기도 했지만 비행기가 구름 위에 떠 있을 때는 모든 것들이 신기해서 어쩔 줄 몰라 했던 흥분의 기억이 지금도 남아 있다. 일본에 가서도 모든 것들이 처음 보고 겪는 것들이니 가는 곳마다 눈이 휘둥그레지고 입이 쩍 벌어졌다.

당시 일본은 최고의 전성기를 구가하던 때였고 우리나라와의 격차는 지금과 비교가 안 될 정도로 컸을 시절이었으니 그 놀라움은 상상을 초월할 정도였다. 도쿄, 오사카, 시모노세키 옆에 있는 오노다 등의 지역들을 두루 다녔고 관광으로는 교토, 나라를 방문했었다. 물론 고속철도인 신칸센을 처음 타봤다.

일본을 직접 눈으로 보면서 그들의 발전상뿐만 아니라 무엇보다도 일본인들의 살아가는 태도와 공중질서에 움찔했다. 막연한 증오감으로 일본을 바라봤던 내면에서 솔직한 자기진단이 꿈틀댔고 스스로 정신 차려야겠다는 생각이 크게 일었다.

1988년도에는 싱가포르를 처음 갔었다. 더운 나라에는 처음 가본 거라서 기후나 그곳에서 자라는 나무 등 온갖 식생과 자연환경이 신기했고 이미 국제도시로 발돋움하고 있는 그들의 활력과 너무 깔끔하고 반듯한 시내 모습 그리고 그곳 사람들에 깊은 인상을 받았던 기억이 지금도 새롭다.

1991년도에는 유럽을 처음 갔었다. 네덜란드였는데 처음 스키폴 공항에 도착해서 택시를 타고 암스테르담을 벗어나는데 펼쳐진 목초지에

소나 말 등이 유유자적하게 풀을 뜯고 있는 목가적인 풍경은 처음 접하는 것이었다. 예쁜 집들과 아름다운 마을들과 여유롭게 사는 네덜란드 사람들의 모습들은 서울의 좁디좁은 전세 집에서 아옹다옹하며 사는 내게는 부럽기 그지없는 전혀 다른 동화 속 나라 같았다.

일정 중 하루는 암스테르담에 가서 네덜란드 친구들의 안내로 배를 타고 암스테르담 시내를 관광할 기회가 있었다. 사람들이 암스테르담을 가면 기본적으로 관광코스에 포함시키는 것이 수로水路 관광, 영어로 이야기하자면 커널 투어Canal tour다.

유서 깊고 역사와 전통이 짙게 서린 암스테르담 시내를 둘러보면서 동행했던 네덜란드 친구들에게 내가 던진 한마디는 그들을 경악하게 만들었다. 오랜 것들을 부수고 새롭게 짓는 데 익숙한 서울 마인드에 충만했던 나는 무너질 것같이 위험하게 보이는 몇 백 년 된 건물들이 이해가 되지 않았다. '왜 이 건물들을 해체하고 멋진 새 건물을 짓지 않느냐'는 말을 던진 것이다. 재건축이나 재개발이란 단어가 익숙한 나는 그들에게도 왜 도시 갱신사업을 하지 않느냐고 훈수를 둔 것이다. 나의 무모한 말에 그들의 똥그래지는 눈을 생각하면 지금도 웃음이 나온다.

그때 나의 무지한 언사 때문인지는 몰라도 그 이후 지금까지 네덜란드만 거의 35번 정도 방문했던 것 같다. 네덜란드를 제대로 이해하라는 의미인지 어느 다른 나라보다도 가장 많이 갔던 나라가 네덜란드였다.

가는 장소나 국가마다 다니면서 겪는 놀라움과 감탄이 있다. 그것은 책이나 글에서 얻는 것보다 생생할 수밖에 없고 누군가가 바로 이마에 박치기를 하는 것처럼 울림의 감도가 직접적이다.

이따금씩 그리 쉽게 가볼 수 없는 곳에서 회의를 하는 경우가 있는데 1999년도에 멕시코 캔쿤Cancun을 당시에 다니던 미국 회사에서 글로벌 미팅을 그곳에서 하는 바람에 갈 기회를 얻게 되었다. 지금은 어떤지 모르겠지만 그 무렵에는 캔쿤에 가는 한국 관광객이 거의 없던 시절이었다.

카리브해 특유의 코발트 빛 바다와 동남아의 유명 해변에서는 도저히 느낄 수 없었던 캔쿤 해변만의 다양한 색감과 풍광의 조화에 감탄사 연발이었다. 같은 바닷가라 하더라도 그 차원이 다른 생생한 느낌과 인상은 직접 가보지 않고는 설명이 불가능하다. 내가 경험한 해변 중에서는 캔쿤이 가장 기억에 남는다.

반대로 더운 지방에서 살던 사람들이 한겨울에 우리나라에 와서 그들이 보이는 반응을 보고 가슴이 뭉클해지기도 하고 그 표현에 웃음 짓기도 했다. 모 방송에서 방영하는 가나 출신의 예능인 샘 오취리의 어머니가 한국에 와서 한국인 연예인들과 같이 강원도 여행을 다니는 장면을 보게 되었다. 지지난 겨울엔 눈이 많이 온 덕분에 강원도 곳곳은 눈으로 뒤덮여 있어 더운 지방에서 온 관광객들에겐 더할 나위 없는 설경 감상의 기쁨을 줄 수 있었던 겨울이었다.

걸을 때 무릎까지 빠지는 눈밭을 걷는데 그녀의 얼굴은 너무도 순진 무구한 소녀의 감탄과 놀라움의 표정으로 행복해했다. 쉰한 살 나이에 북반구의 나라에 추울 때 와서 눈을 처음 보는 것이다. 이 공간에서 살고 있는 우리에겐 익숙한 설경이 그녀에게는 너무도 신비롭고 경이로운 것이다. 자동으로 지어지는 천사의 미소가 그녀의 얼굴에서 떠나질 않는다.

가나로부터 멀고 먼, 전혀 다른 기후와 풍토의 한국 강원도에 와서 경험해보지 못했던 풍경인 설국의 공간을 마주하는 그 느낌은 어떠했을까. 이러한 공간과 장소의 변화가 그녀에겐 인생에서 다시 없을 이벤트가 된다.

그녀가 한국에 얼마나 머물렀는지는 모르지만 비록 잠깐이지만 아프리카에서의 삶과는 완전히 다른 인생을 여기서 살았다. 그녀가 아프리카 가나로 돌아가서 원래의 삶으로 복귀했을 때 한국에서의 경험은 그녀의 삶에 어떤 영향을 주었을까.

추운 겨울이 있고 눈도 쏟아지는 생경한 지구 저편의 장소와 공간에서의 짧은 인생은 그녀의 원래의 장소인 가나에서의 삶을 더욱 풍요롭고 차지게 이끌지 않았을까. 사물을 보는 시야나 안목이 더 유연해지고 관대해지지 않았을까. 이렇게 세상은 다양한 놀라움이고 경이로운 즐거움임을 생생하게 경험했기 때문에.

앞에서 캄보디아에서 태권도 국가대표 감독으로 이름을 떨치고 있는 최용석 감독 이야기를 소개했다. 최 감독 부부에게는 캄보디아에서 난 두 아들이 있다. 그곳에서 나고 자라다가 초등학교 때 처음으로 엄마 손을 붙잡고 한국에 들어왔다고 한다. 그런데 그때가 겨울이었다. 추운 기후를 처음 접한 어린 아들이 엄마에게 그 느낌을 표현한 한마디. 뭐라고 했을까.

'엄마 엄마, 한국은 부자 나라인가 봐. 바깥에도 에어컨을 켜났어.'

이렇게 말하더라는 것이다. 그러면서 너무 좋다고 하더라는 것이다. 새로운 장소에 가서 뜻밖의 상황을 마주하면 사람들은 그곳에서 살아왔고 그곳이 익숙한 사람에게는 나올 수 없는 엉뚱하고 창의적인 단어가 나오거나 표현이 나오기도 한다. 때로는 내가 암스테르담에 처음 가서 네덜란드 친구들을 확 깨게 만들었던 무지한 표현을 하기도 하지만 말이다.

다 같은 장소의 체험이 아니다

내가 공간과 장소에 대해 보다 깊게 생각하게 된 계기가 있었다. 바로 행사 전에는 제대로 치러낼 수 있을지 우려가 높았던 평창동계올림픽이다. 평창동계올림픽에서 자원봉사를 했었다. 폐회식이 치러진 지난 2월 25일에 맞춰 나의 자원봉사 근무일정도 끝났다. 거의 한 달인 26일 동안 삼척에 있는 강원대학교 삼척캠퍼스 기숙사에 묵으면서 근무지인 강릉 선수촌 플라자를 오갔다.

마지막 근무를 끝내고 삼척에 있는 숙소로 돌아와 짐을 챙기고 다음날인 26일 식당에서 아침식사를 하고 끼니때마다 음식을 만드시느라 노고가 많으셨던 아주머니들과 감사와 작별의 인사를 드렸다. 숙소 프런트에서 체크아웃하면서 뒤처리와 마무리 업무를 하셔야 하는 자원봉사자 분들과도 아쉬움의 인사를 나눴다. 숙소를 나서는데 나의 무엇인가가 흔쾌히 떨구지 못하는지 발걸음을 옮기지 못한다. 점착질의 아교가 발걸음마다 달라붙어 있는 것처럼 찐득거린다. 행복했던 감정과 더불어 아쉬움, 홀가분함, 허전함의 감정이 섞여 진하게 밀려온다. 삼척을 출발해서 서울로 돌아오는 버스 안에서 아쉬움의 감정이 더욱 더해지면서 눈시울이 촉촉해졌다.

그동안 동해안은 여름휴가 때 잠시 잠깐 스치듯 머물다 가는 곳이었다. 안다고도 할 수 없고 모른다고 할 수 없는 장소였지 싶다. 여름이면 한꺼번에 사람들이 내몰리듯 몰려와서 북새통을 만들어놓고 가는 그런 공간쯤으로, 단순히 여름휴가지로만 머릿속에 각인되어 있었던 장소였다.

그런데 한 달간 묵으면서 자원봉사 틈틈이 삼척 시내 이곳저곳을 걸으며 아담한 도시의 색다른 정취와 매력을 즐기기도 했다. 죽서루도 가보고 몇 번인가 삼척 해안가인 새천년도로까지도 걸어나가 포효하는 동해바다의 파도와 너울에 감탄하며 부서지는 하얀 포말에 통쾌한 희열을 느끼기도 했다. 자원봉사하면서 만난 사람들과의 인연, 그리고 외국선수들과 임원들을 도와주면서 느끼는 보람과 그들과의 소통에 행복해했다.

동해안에 머물면서 느꼈던 알면서도 알지 못했던 장소와의 교감이 쌓이며 마치 지금까지 살아왔던 인생과는 다른 인생을 사는 것 같은 느껌이 들기도 했다. 머무는 동안 나의 무언가가 그곳에 내려앉은 느낌이 들었고 떠날 때는 그곳에 내려앉은 무언가가 제대로 수습되지 않아 발걸음이 떨어지지 않았다. 강릉과 삼척이란 도시 공간과 나의 감성이 서로 감기어 꼭 틀어쥐고 있던 깍지 낀 손처럼 쉽게 풀어지지 않았다.

작년 봄 어느 날 〈윤식당 시즌 2〉의 마지막 영업 날 풍경을 방송으로 봤다. 스페인 카나리아제도에 있는 테네레페 섬의 도시 카라치코에서 윤여정 씨를 비롯한 몇 분의 배우들이 운영하는 한식당이 무대였다. 한참 인기를 끄는 리얼리티 프로그램으로 우연히 채널을 돌리다가 보게 되면 방송 끝까지 시청했던 프로그램이다. 가끔씩이지만 한번 보기 시작하면 화면 속으로 빠져들게 된다.

이목을 끌 만한 대단한 스펙터클이 있을 리 만무한데 아담한 식당 안 사람들의 소소한 풍경, 그들이 나누는 얘기에 젖어 들게 된다. 카라치코 마을과 바닷가의 아름다운 풍광과 사람들이 빚어내는 이야기와 여유 있는 표정들. 그날은 마지막 영업하는 날을 보여주는 방영회차를 시청했다. 마지막 날이라 소문 듣고 또는 지역 신문 기사를 보고 몰려온 사람들로 북적거렸다. 실내의 자리는 모두 차서 많은 사람들이 바깥에서 오랜 시간을 기다려야 했다.

열흘의 촬영 일정이 길지는 않지만 그 마을 사람들의 이야기를 충분히 담아낼 수 있는 기간의 여정이었다. 그 여정의 마지막 날, 모든 영업이 끝나고 나서 그곳을 정리하고 출연진들이 광장으로 걸어가는데 보람, 감동, 아쉬움, 진한 여운 등의 여러 감정들이 몰려오는 듯했다. 광장식당 앞에서 그곳 셰프와 직원들과 이별의 포옹이 그 아쉬운 느낌을 더욱 절절하고 생생하게 만든다. 시즌 1에서 무대는 발리였는데, 너무 잘 알려진 휴양지, 발리에서의 윤식당과는 달리 뒤끝의 진한 아쉬움과 여운을 갖게 했다.

왜 그럴까 생각했다. 그냥 장소면 장소이고 공간이면 공간이지 작년 2월 거의 한 달 동안 자원봉사를 하며 동해안에 머물렀을 때는 왜 끈적끈적한 감성이 우러나왔는지 떠날 때는 왜 진한 아쉬움이 넘쳐 났는지. 곰곰이 생각해보니 과거에 휴가 목적으로 동해안에 왔을 때는 말 그대로 나그네처럼 잠시 머물면서 행주로 밥상 한 번 훔치고 만 것처럼 지나갔다. 내가 동해를 보러 온 건지 동해에 나를 잠시 선뵈러 온 건지 분간이 안 갈 정도로 말이다.

자원봉사 기간 중에는 물론 봉사라는 일을 하기 위해서 간 것이라서 그 전의 휴가차 시간을 보내기 위해서 간 것과는 근본적인 목적의 차이가 있다. 봉사라는 분명한 목적이 있었지만 비번인 날이거나 사이사이 시간에 동해안의 자연과 풍광을 즐기는 여가생활도 풍성하게 가질 수 있었다.

바로 한 달이라는 시간의 길이 덕분에 입체적인 생활이 가능했었던 것이다. 즉 일도 하고, 그러면서도 비는 시간마다 그 장소에 더욱 밀착해서 요모조모를 있는 그대로 느끼고 즐길 수 있었다. 전국 각지에서 봉사를 자청해서 오신 분들과 일과를 공유하며 함께 협력하면서 새로운 관계가 맺어지고 제한적이지만 우정이 생기기도 한다. 통역 일을 하면서 외국 선수나 임원들을 도와주면서 특별한 이야깃거리와 추억이 만들어지기도 했다. 그러면서 관광이었으면 닿지 않았을 뒷골목도 가보고 허름한 포차에 앉아 생맥주도 마셔보고 그곳에서 사는 사람처럼 거의 한 시간을 걸어서 해안가도 가보고 삼척 시내를 걸어서 죽서루도 가봤다.

단지 관광이나 휴가라는 수평적인 목적으로 머물렀을 때와는 다르게 자원봉사라는 생활이 개입되면서 그 공간과 장소와의 교감과 경험의 차원을 더욱 입체적이고 다면화시켰다. 그렇게 쌓인 다양하고 쫀득쫀득한 이야기와 추억들이 더욱 끈끈한 무게로 떠날 때의 발걸음을 가볍게 떼지 못하게 한 것이다.

〈윤식당〉의 경우도 마찬가지다. 출연진들이 단지 관광이나 투어의 취지로만 멋진 풍광과 여행 시에 벌어지는 에피소드에만 치중했다면 그 같은 아련하고 진한 아쉬움의 감성을 만들어내지 못했을 것이다. 식당이란 공간을 마련하고 식당을 운영하는 생활을 통해서 그곳 사람들과의 교감과 소통, 그리고 한국음식에 대한 반응을 보여주니 시청자 입장에서는 단순한 재미를 넘어서는 입체적인 재미를 느낀다.

공간과 장소의 체험이 진정 내 마음과 내 안으로 들어오려면 그곳 현지 사람들과 섞이고 어울리면서 그들과 소통과 교감을 나누고 그곳의 문화와 특징을 경험할 수 있는 생활 경험이 뒷받침되어야 한다.

공간 경험치가 그 사람 인생이다

우리는 평상시에 크게 의식하지 않고 어딘가의 공간과 장소에 존재하며 살지만 장소가 각 개인에게 미치는 영향은 지대하다. 특히 지금 시대에는 무엇보다 먼저 어디에서 어느 나라에서 태어났는가가 그 사람의 운명과 인생을 결정적으로 좌우한다. 아프리카의 빈국에서 태어났느냐 미국이나 유럽 같은 선진국에서 태어났느냐에 따라 그 개인의 삶의 질 대부분이 결정된다고 볼 수 있다.

우리나라는 아직 선진국으로 가는 길목에서 그 문턱을 넘고 있진 못하지만 우리나라에서 태어나는 것만 해도 꽤 괜찮은 삶의 가능성을 안고 태어나는 것이다. 우리나라가 빈부의 격차도 크고 여러 문제점을 안고 있기는 하지만 아프리카 국가들처럼 절대 다수의 아이들이 기아 선상을 오가는 처절한 수준의 살림살이 국가도 아니고 미국처럼 강력범죄의 위협으로 전전긍긍하며 살아야 하는 나라도 아니고 개발도상국 국민들이 들어와서 더 나은 벌이를 위해 일하고 싶어하는 나라임에는 분명하다.

자신이 태어나는 국가와 지역을 선택해서 이 세상에 나올 수는 없다. 그것은 개인으로서는 어찌할 도리가 없는 불가항력적인 영역이다. 그러나 불운하게도 목숨을 부지하기 어려운 위험한 지역이나 먹고살 게 없는 처절한 극빈 국가에서 태생했더라도 원초적으로 본능적으로 시도하는 게 있다. 자신들에게 주어진 거주지역과 장소에서 벗어나 더 나은 곳으로 가려는 목숨을 건 여행과 몸부림을 세계 도처에서 감행하기도 한다. 공간과 장소를 바꿈으로써 자신의 운명과 삶을 바꾸기 위한 사생결단의 각오인 것이다.

여기서는 거시적 관점에서 국가와 개인의 삶의 메커니즘을 논하려는 게 아니라 개인에게 초점을 맞춰 개인이 겪는 공간과 장소의 경험의 폭이 어떻게 사람의 비전과 식견을 성장시키고 도약을 만드는지 생각해보려고 하는 것이다.

공간은 삶을 담는 그릇이다. 그릇이란 무엇인가? 음식을 담는 도구이다. 용이하게 음식을 담아 사람들이 편하게 먹을 수 있도록 식탁에 놓인다. 그 크기와 쓰임새에 따라 담을 수 있는 음식이 달라진다. 간장을 담는 간장종지가 있고 밥을 담는 밥그릇이 있고 반찬을 담는 반찬그릇이 있고 국을 담는 국그릇이 있다. 어떤 그릇에 놓이느냐에 따라 담긴 음식을 가늠할 수 있듯이 어느 공간에 주로 존재하느냐를 보면 그 사람 인생의 색깔과 결을 읽을 수 있다. 그 사람의 처지와 상태, 상황이 어떤지 알 수 있다.

사람이 살아가면서 최소한 세 가지 상황에 빠지지 않으면 그래도 괜찮게 사는 거라고 한다. 그 세 가지 중 첫 번째가 신용불량자가 아니라면, 두 번째가 병원에 입원해 있지 않다면, 세 번째가 감옥에 갇혀 있지 않다면 기본적으로 삶의 위기 상황은 아니라는 것이다. 그중에 두 가지가 장소에 관련된 것이다.

어떤 사람은 병원에서 시간을 보낸다. 그 기간이 단기가 아니라 장기간 입원해 있거나 오랜 기간 병원을 들락거려야 한다면 건강의 위기를 맞이하며 힘들게 살아가고 있는 것이다. 나도 2017년 거의 1년을 병원에 입원을 하거나 제 집 드나들 듯 시간을 보냈다. 다행히 제대로 치료를 끝내고 건강을 회복해서 다행이지만 다시 또 병원에 입원해야 할 일은 정말 피하고 싶다. 병원 특유의 냄새도 너무 싫고 이젠 주사 바늘만 봐도 고개를 절레절레 흔들게 된다.

그런가 하면 어떤 사람들은 감옥에서 보낸다. 나는 새도 떨어뜨린다는 무소불위의 권력을 휘두르던 사람들이 감옥에 가 있다. 한때 권력의 정점에 있던 사람들이 초췌한 모습으로 출소하는 장면을 보면 권력무상의 감회가 일면서 씁쓸하다.

이처럼 머무는 공간이 그 사람의 상황과 처지를 말해준다. 각자 스스로에게 물어봄직하다. 나는 시간을 주로 어느 공간에서 보내고 머무는가. 지금 현업에 종사하는 분이라면 그 직업에 따라서 주로 보내는 공간과 장소가 다를 것이다. 어떤 사람은 작업실에서 그림을 그리든 조각을 하든 창작의 열의를 불태워가며 작품에 몰두해서 살아간다. 바로 예술가로 살아가는 분들일 것이다. 농부라면 논에서 밭에서 혹은 과수원에서 내리쬐는 햇빛과 싸우며 대부분의 시간을 보내고 있을 것이다.

대부분 사람들은 보통 우리가 상상하는 직장에서 눈코 뜰 새 없이 바쁘게 살아간다. 경제적 앞가림 또는 가족의 생계를 부양하기 위해 자신이 가진 능력에 따라 특정 분야의 제2의 공간에서 시간을 보낼 수밖에 없지만 그렇다고 너무 한 공간에만 갇혀 사는 것도 문제가 있다.

사람은 장소에 갇히게 되면 생각도 갇히기 마련이다. 가슴이 답답해지고 생각의 숨통이 막혀 있는 듯 사고의 순환에 지장이 생긴다. 제한된 공간으로 생긴 심리적 정신적인 교착상태는 다른 공간으로 풀어주어야 한다. 인간은 시간과 공간에 의해 규정 받고 존재한다. 시간은 우리가 어쩌지 못한다. 그러나 공간과 장소는 우리의 의지에 의해 통제할 수 있고 변화를 줄 수 있다.

앞에서 공간을 삶을 담는 그릇으로 비유를 했었다. 아름다운 그릇을 빚는 예술적 경지의 도예가들은 자신만의 감각과 혼을 담아 남과 같지 않은 자신만의 격조 높은 그릇을 만들어낸다. 각기 다른 시대에 자신의 분야에서 이름을 떨친 분들을 들여다보면 도예가처럼 남과 다른, 역사에 기여하는 멋진 인생작품을 빚어냈다고 비유할 수 있지 않을까. 그 이면에는 그들만의 특별한 공간과 장소 경험이 있었다는 것에 주목할 필요가 있다.

1786년 9월 3일 자신의 37번째 생일파티가 있던 날 밤 새벽 3시에 괴테는 카를스바트 집을 몰래 빠져나와 이탈리아 여행을 떠났다. 그 당시 괴테는 『젊은 베르테르의 슬픔』을 쓴 작가로 이미 전 유럽에 걸쳐 문학적 명성을 누리고 있었다. 바이마르공국에서 추밀원 고문관 자리에 오를 정도로 정치적 영향력까지 갖춘, 일반인들에게 선망의 대상이었던 삶을 뒤로하고 홀연히 여행을 떠났다.

괴테는 자신의 상상력을 틀어막고 있던 숨 막히는 일상으로부터의 탈출을 원했다. 그로부터 1년 9개월 동안 이탈리아 여행을 다녔다. 이탈리아 여행은 그가 상상했던 것 이상의 의미로 그에게 다가왔다. 그로 하여금 참된 예술에 대한 갈증을 채워주고 삶을 결정적으로 업그레이드시킨 계기가 되었다. 그는 여행기에서 로마에 대한 소회를 다음과 같이 표현했다.

"정말이지 로마에 와보지 않고서는 여기서 무엇을 배우게 되는가를 전혀 알 수 없다. 지금까지 가지고 있던 개념들을 돌이켜보면 마치 어릴 적에 신던 신발 같다는 생각이 든다. 아주 평범한 사람도 이곳에 오면 상당한 인물이 되며 그것이 그의 본질로 바뀔 수는 없다 하더라도 최소한 하나의 독특한 개념을 얻게 되는 것이다."

이탈리아 여행은 괴테 개인의 인간적인 발전과 성숙뿐만 아니라 독일 문학사에서 커다란 전환점을 불러일으킨다. 괴테는 이전의 『젊은 베르테르의 슬픔』을 쓸 적의 격정적이고 뜨거웠던 문학적 감수성에서 이탈리아 여행에서 보고 느낀 균형과 안정의 고전미로 크게 돌아선다. 이후의 시기를 독일 문학사에서 '독일 고전주의 시대'라고 부르게 된다. 괴테의 개인적인 여행은 그에게 예술에 대한 시야에 자극과 확장을 안겨다 주었고 단지 개인적인 차원에서 머물지 않고 한 나라의 문학역사의 물줄기를 바꾸어놓는 결과를 낳은 것이다.

우리나라는 지지난 겨울에 어려운 여건에서도 평창동계올림픽을 성공적으로 치러냈다. 여러 가지 미진한 점도 있었고 훌륭한 점도 있었지만 특히 개폐회식에 대해서는 평가가 특별했다. 개폐회식을 보면서 눈물이 났다는 사람도 있고 너무 인상 깊고 좋았다는 사람들이 많았다. 내가 올림픽 기간 중 자원봉사를 하면서 만나본 외국 사람들 전부가 개폐회식의 퍼포먼스에 대해 엄지를 치켜세웠다.

개폐회식의 처음부터 끝까지 선두에 서서 총괄한 사람이 송승환 총감독이다. 평창동계올림픽이 끝나고 송승환 씨가 모 방송매체에서 인터뷰를 했다. 인터뷰에서 자신의 과거 이력에 대해 이야기를 했는데 눈길을 끈 내용이 있다.

그는 어렸을 때 이미 잘나가는 TV 스타였다. 그 당시의 국민 드라마였던 〈여로〉는 지금도 기억이 난다. 그는 〈여로〉에서 주인공인 지적 장애 아버지를 둔 아들로 나왔었다. 동네에 TV가 흔치 않던 시절이었는데 〈여로〉를 하는 시간이면 사람들이 이 드라마를 보기 위해 TV가 있는 집으로 몰려 다녔던 장면이 지금도 눈앞에 선하다.

그는 드라마 〈여로〉의 성공을 등에 업고 20대에도 탄탄대로 연기자로서 남들이 부러워할 만한 시간을 보냈다. 그런데 예상치 못한 불행이 찾아온다. 20대에 이미 인생의 롤러코스터를 탔다고 한다. 그렇게 끝 모를 전성기를 구가하다가 20대 후반쯤에 아버지 사업의 실패로 한순간에 빈털터리가 되었다고 한다.

그때 쉽지 않은 미국행을 결심한다. 미국 브로드웨이에 가서 좌판 깔고 시계 장사 하면서 3년 6개월을 있었다고 한다. 한 달 정도 있으면 몰랐을 텐데 3년 6개월을 있었더니 보였다고 한다. 한국과 미국 사이의 틈새 길이 보인 것이다. 주지하다시피 그는 난타 공연을 개발해서 세계적으로 히트시켰고 20년이 지난 지금도 관객이 줄긴 했어도 여전히 관객이 들고 있고 객석이 70~80퍼센트 찬다고 하니 그 지속성이 대단하다.

만일 송 감독이 한국에서만 연예 문화 활동을 했다면 난타 공연의 아이디어를 결코 생각해내지 못했을 가능성이 높다. 머나먼 지구의 반대편 공간에서 익숙하지 않던 지구 저편 사람들의 문화와 예술을 눈으로 보고 직접 겪었다. 그 경험은 그로 하여금 내면에서 이질적인 두 문화를 섞고 반응시켜 창의성으로 도약하게 했다. 그리하여 독창적인 문화

공연 콘텐츠가 탄생한 것이다.

　한 사람을 더 이야기하자면 세계 3대 투자가 중의 한 사람인 짐 로저스다. 짐 로저스는 1942년생으로 미국 태생이다. 27살의 나이에 조지 소로스와 퀀텀 펀드를 창업해 11년 동안 유례없는 경이적 누적수익률을 거둔다. 마흔이 되기 전에 백만장자의 반열에 오르지만 월가의 성공을 뒤로하고 38살의 나이로 은퇴를 선언하고 월가를 떠난다. 그러고는 1990~91년에 오토바이를 타고 세계일주여행에 나서 22개월간 52개국 지구 두 바퀴 반의 거리를 누빈다. 그는 세계 각 나라를 다니면서 지위가 있거나 사회적으로 행세를 할 만한 사람을 만나기보다는 시장의 상인들과 일반인들을 만나고 이야기를 나누며 그 나라의 민낯을 경험했다.

　첫 세계일주를 마치고 8년 뒤인 1999년 자동차로 두 번째 세계일주 여행을 떠난다. 이번에는 더 많은 116개국 지구 6바퀴 이상 돈 거리를 여행했다. 자신의 인생에서 두 번의 세계일주 여행을 했다. 각 나라의 역동성과 변화에 대한 의지를 보고 투자에 대한 판단을 했고 여행 다니면서도 투자를 해서 큰 수익을 올렸다. 세상을 책과 자료로만 보고 만나는 것보다 세상을 있는 그대로 보기 위해 여행을 다녔다.

　그는 세계일주를 하고 나서 원금의 10배 가까운 돈을 벌었다고 한다. 돈을 그렇게 번 것도 부럽지만 그의 거침없는 실행력과 직접 보고 겪은 것을 토대로 분석하고 판단하는 혜안과 통찰에 그가 왜 세계 3대 투자가인지 고개를 끄덕거리게 된다.

이처럼 공간과 장소의 경험의 다양성은 사람에게 새로운 지평의 안목을 열어주기도 하고 기존에 갖고 있던 관념과 생각에 각성과 확장을 불러일으켜 창의적인 아이디어나 판단으로 이어지게 한다. 각 나라에 따라, 장소에 따라 주어진 자연환경과 식생이 다르다. 그곳에 모여 사는 사람들은 처해진 환경, 기후와 여건에 의해 영향을 받을 수밖에 없고 그들만의 문화와 사고방식을 형성한다.

달리 이야기하면 고정된 한곳의 장소에서는 고정된 생각과 관념의 결이 흐를 수밖에 없다. 일정한 장소에서의 나는 세상을 바라보는 개념이나 아이디어가 제자리에서만 맴돌거나 갇혀 있을 뿐 창조적인 생각으로 비틀거나 확장이 용이하지 않다는 것이다. 공간과 장소의 전환이나 변화는 전혀 다른 관념과 문화의 다양성을 접하는 계기를 주고 서로 이질적인 것들이 섞이고 융합하는 기회를 만나게 한다. 생각과 사고의 입체화를 통해 발전과 도약을 이끌어낸다.

내가 살았으므로 나의 세상이 존재했다

공간적인 지점을 최고로 확대시켜 가장 큰 공간의 경험치를 가진 사람들은 누구이고 그러한 경험은 그들에게 어떤 영향을 미쳤을까 궁금했다. 직접 경험은 하지 못한다고 해도 최고로 공간 경험을 해본 사람들과 그에 따른 생각 팽창의 예를 보고 참고할 수 있지 않을까.

지구에 사는 인간들 중에 가장 큰 공간적인 경험치를 가지고 있는 사람들이 지구 대기권을 벗어나본 우주인일 것이다. 지금까지 대기권을 벗어나 우주공간에 머물러봤던 우주인은 우리나라의 이소연 씨를 포함해 550명 정도 된다고 한다. 지구를 벗어나 달 또는 우주공간에 다녀온 사람들에게 그 경험은 그들에게 어떤 영향을 미쳤을까?

사진으로 방송을 통해 동영상 화면으로 또는 글로 우리는 그곳을 모르고 있지는 않다. 막연하게나마 알고 있다. 그러나 간접적으로 사진이나 동영상을 통해 인지하고 있는 것을 바탕으로 그 공간을 상상하는 것과 실제 우주공간으로 나아가서 머물고 경험하는 것과는 승수를 적용해야 하는 엄청난 차이일 것이다.

지구와 대기의 경계를 벗어나 두렵기도 했겠지만 우주공간으로 나아갔을 때의 벅찬 느낌은 어떠했을까. 무수한 별들이 반짝이는 광막한 우주공간을 바라보며 우주의 끝이 머릿속에 그려졌을까. 마치 절대자나 가능하지 싶을 저 지구 밖 우주공간에서 지구 덩어리를 한눈으로 바라보는 그 느낌은 어떠했을까.

우주라는 무한한 공간 한가운데에 내던져진 느낌으로 말로 표현하기 어려운 그 경관의 장엄함에 압도된다고 한다. 우주인들이 우주공간에서 바라본 지구는 너무나도 아름다웠다. 그들의 표현들을 모아보면 다음과 같다.

"누구든 우주 공간에 나가면 그 현실에 압도된다."

"한 사람을 완전히 다른 사람으로 바꿔놓을 만큼 강렬하고 거대한 내적 충격을 동반한 경험이었다."

"인류가 속해서 살아가고 있는 차원을 초월하는 일이었다."

"그 경관의 장엄함을 어떻게 말로 표현할 수 없다."

그중에서도 아폴로 13호의 함장이었던 짐 러벨의 다음 말이 많은 사람들에게 공감을 불러일으켰다.

"지구를 떠나보지 않으면, 우리가 지구에서 가지고 있는 것이 진정 무엇인지 깨닫지 못한다."

상상할 수 있듯이 그들의 지구 밖에서의 경험은 그들의 인생을 뒤흔들어놓았다. 그들 중에 많은 이들이 인생관, 우주관의 극적인 변화를 겪었으며 그들이 공통적으로 이야기하는 것이 수많은 종교와 종파로 대립하고 지구 밖에서는 전혀 보이지 않는 국경선을 그어놓고 대립 투쟁하고 있다는 사실이 어처구니없고 우스꽝스럽게 느껴졌다는 것이다.

우주인들은 종교에 대한 시각도 확장되었다고 한다. 어떤 종교의 신도 다른 시각에서 보았을 때 붙여진 다른 이름에 불과하다. 종교마다 그 본질은 같은 것인데 표현 형태나 신을 부르는 이름이 서로 다를 뿐이라는 것이다. 명칭은 다르지만 대상은 같은 것이다. 모든 종교와 사상을 편견 없이 보게 되었다. 지금까지 진리라고 생각했던 것이 보다 큰 진리의 일부에 지나지 않는다는 것이다.

이처럼 경계선을 넘나드는 공간의 확장 경험은 그 사람의 사고체계와 생각의 범주에 영향을 미칠 수밖에 없다. 우주공간에 내던져진 경험을 했던 그들은 다시 지구에 귀환한 뒤, 우주인 또는 그와 관련된 직업을 계속했던 사람은 드물다고 한다. 많은 우주인들이 직업을 완전히 바꿨다. 지구환경을 지키기 위한 환경운동가로 나선 사람도 있고 화가나 시인이 된 사람도 있고 종교 활동에 투신해서 전도사가 된 사람도 있다고 한다. 우주공간에서의 경험을 통해 자각한 바에 따라 그때까지 해왔던 일과는 전혀 다른, 각자의 고양된 가치를 추구하는 새로운 직업으로 전향하게 된 것이다.

지금으로선 우리 같은 일반인들은 지구 밖으로 나가볼 수 있는 기회는 없다. 앞으로 과학기술이 상상을 초월할 정도로 발전해서 많은 사람들을 한꺼번에 우주공간으로 실어 나를 수 있다면 모를까. 우리가 직접 가보지는 못하지만 상상으로 공간을 우주 밖으로까지 확대해보고 다시 나로 축소해서 돌아보면 보다 객관적으로 엄정하게 힘을 빼고 나를 바라보게 된다.

비단 지구 밖까지는 아니어도 지구라는 무대 안에서도 주변 사람들과 부대끼며 사는 제한된 공간을 넘어 좀 먼 곳으로 나서보면 원래 살던 곳에서의 갈등과 편 가르기가 얼마나 부질없는 것인지, 그리고 가슴 아파하고 마음 닳아 했던 것들이 무거워진 내 마음을 담보로 할 정도로 위중한 것이 아님을 깨닫기도 하지 않을까.

칼 세이건 박사의 '창백한 푸른 점'이란 제목의 동영상을 유튜브에서

본 적이 있다. 그 동영상은 내게 지구에 산다는 것의 의미가 무엇인지, 놀라움과 각성을 주기에 충분했다. 저 멀리 우주를 향해 날아가고 있는 보이저 1호에서 지구를 찍은 사진이 이야기의 중심에 있다. 1990년도에 그 사진을 찍었다고 한다.

칼 세이건은 그 사진을 받아보고 형언할 수 없는 깊은 감동을 받아 1994년도에 『창백한 푸른 점Pale Blue Dot』이란 제목의 책을 썼다. 동영상에는 책 내용의 핵심 메시지와 함께 그 메시지를 뒷받침하는 여러 영상들과 보이저 1호에서 찍은 지구 사진이 담겨 있다.

보이저 1호는 1977년 9월 5일 우주 대항해를 위해 지구에서 발사되었다. 보이저 2호는 그보다 보름 먼저인 1977년 8월 20일 지구를 떠났다. 보이저 1호에는 카메라가 장착이 되어 있었는데 원래 사진을 찍는 방향이 우주를 향해 있었다고 한다. 칼 세이건은 머나먼 우주에서 그 카메라를 반대 방향으로 돌려 지구를 찍어 우리 인간들이 그 사진을 볼 수 있다면 큰 의미가 있겠다는 생각에 그 아이디어를 나사NASA에 건의한다.

처음에는 나사의 반대에 부닥치기도 했지만 결국은 그 제의가 받아들여져 지구를 찍게 된 것이다. 그 먼 우주에서 바라본 지구는 '햇빛에 떠도는 작은 티끌'에 불과했다. 그 작은 티끌 속에서 온갖 영욕으로 점

철된 모든 인류의 역사가 벌어진 것이다.

자칫 지지고 볶는 매일매일의 현실 속에 매몰되어 살다 보면 스스로의 모습이 잘 보이지 않는다. 가끔씩 밤하늘의 별을 보듯 나의 시선을 바로 앞 현실에서 우주로 크게 확대했다가 다시 자신으로 축소해 보면 더욱 자신이 잘 보이지 않을까. 나의 살아가는 모습, 나의 허장성세虛張聲勢, 내가 놓치고 있는 소중한 것들, 나의 존재 그 자체가 보이지 않을까. 햇빛에 떠도는 이 작은 티끌에 지금 내가 존재하고 살아간다는 것이 경이롭게 느껴지지 않을까.

격주 토요일 아침마다 숭례문학당의 새벽 독서토론에 참여하기 위해 아침 6시 정도면 집을 나선다. 어느 토요일 아침도 여느 때와 마찬가지로 버스를 타고 남대문 근처의 숭례문학당으로 향한다. 항상 그렇듯 버스는 용산역 앞을 지나가게 된다. 그날따라 용산이 신기하게 변모했다는 생각이 불현듯 들었다.

35년 전 첫 직장이 용산에 있었다. 그때의 용산과 지금의 용산은 상전벽해, 천지개벽을 한 듯 완전히 달라졌다. 당시의 용산역사는 지금의 역사와는 비교가 안 될 정도로 규모도 작고 초라했다. 바로 앞에는 집창촌이 크게 자리 잡고 있었고 주변에서 가장 큰 건물로는 당시에 막 지었던 국제상사 빌딩이 아니었나 싶다.

당시에 비하면 정말 마술을 부린 듯, 지역이 이렇게도 달라질 수 있구나 하는 생각을 하며 '신기하다'는 단어가 머릿속에 각인됐다. 그러면서 그 토요일 이른 시간에 내가 숭례문학당을 향해 달려가고 있는 것이 신비하다는 생각으로 대비되었다. 갑자기 '나'라는 존재가 살아온 것이 그리고 살아 있다는 것이 신비롭다는 느낌이 강하게 밀려왔다. 그날 토론할 책이 정재찬 교수의 『시를 잊은 그대에게』였다. 이 문장이 갑자기 떠오르면서 용산역 앞을 지나는데 '신기'와 '신비'라는 단어가 강하게 오버랩됐다. 정재찬 교수의 〈시를 잊은 그대에게〉에서 기억에 남는 문장들을 옮겨본다.

"신기한 것과 신비한 것은 다르다.

몸통이 잘리고 사람이 사라지는 마술은 신기하지만 신비하지는 않다.

그런다고 사람의 상처 하나 고친 적이, 마술은 없다.

반면에 자연, 우주 생명 같은 것은 신비한 일이지 신기하다 할 일이 아니다.

그것은 영원한 경이일 뿐 아니라 우리를 살린다.

그럼에도 우리는 신기에 홀려 신비를 잊는다.

마치 마술에 홀려 현실을 잊는 것처럼,

우리를 둘러싼 모든 가짜 가치에 홀려 우리는 진짜를 잊고 산다."

이 세상에 나라는 존재로 태어난 것부터 시작해서 지금까지 살아온 여정이 신비했다. 특히 아내를 만나 결혼하고 아이 둘을 낳아 그 아이들이 어른이 되어 장성해 있는 것이 신비하다. 그 아이들도 자신의 인생길을 걸어가며 자신만의 스토리와 이력을 만들어나갈 것이다. 어떤 때는 순풍에 돛 단 듯 기분 좋게 앞으로 나아가기도 하지만 때로는 태풍을 만나 위기를 겪기도 하고 역풍을 만나 헤매기도 하는 어려움과 질곡의 순간이 있을 것이다.

그러나 그 모든 것들이 내가 이 세상에 존재했으므로 가능했고 이 광대무변한 우주에서 '햇빛에 떠다니는 티끌'인 지구에 잠시나마 내가 존재했으므로 이 세상이 있었음을 깨달을 때 '아~, 이 모든 것이 신비하다'는 생각을 하게 되지 않을까.

"내가 살았으므로 나의 세상이 존재했다."

4장
/

오히려
준비는 적당해야
일을 낸다

콜럼버스는 평생 착각 속에 살았다.

　　　　콜럼버스는 1492년 에스파냐의 팔로스 항을 떠나 10월 12일 바하마 제도의 한 섬에 도착했다. 유럽 역사 전환기의 단초가 된 신대륙을 발견한 것이다. 그러나 그는 죽을 때까지 자기가 도착했던 곳이 아메리카가 아닌 중국이나 일본의 어느 해안이라고 생각했다. 아시아로 통하는 서해항로 개척을 위한 선단을 제안하고 꾸릴 때 무턱대고 용기만으로 감행을 한 것이 아니다.

　그는 공부를 해나갔다. 15,000권의 책을 가지고 있을 정도로 열심히 책을 보며 대륙과 바다에 대한 지식체계를 만들어갔다.

　그가 가장 관심을 가지고 있던 것이 지구의 크기와 육지와 바다의 비율이었다. 그에게 가장 큰 영향을 끼친 책이 신학자 피에르 다이이가 저술한 세계지리 책인『이마고 문디』라는 책이었다. 그 책에서는 지구의 크기는 그렇게 크지 않고 육지와 바다의 비율이 6:1이어서 육지가 훨씬 크다고 기술했다. 마르코 폴로의『동방견문록』도 그러한 생각을 키우는 데 한몫했다. 육지가 훨씬 크기 때문에 아시아까지 육로로 다다를 수 있었다고 생각했다. 그래서 에스파냐에서 서쪽 바다로 출발하면 머지않아 능히 도착할 수 있었다고 생각했다. 불확실성은 있지만 한 마디로 만만하게 본 것이다.

만일 그가 아시아가 실제 지금의 거리만큼 떨어져 있다고 옳게 판단했다면 결코 원정대를 꾸릴 생각은 아예 하지도 않았을 것이다. 그리고 중간에 아메리카가 없었다면 그들의 항해는 망망대해를 떠돌다가 선원들의 반란에 의해 자멸하거나 태풍을 만나 배가 가라앉아 침몰하면서 불귀의 객이 되고 말았을 것이다.

그는 신대륙을 발견한 첫 항해 이후에도 몇 차례의 항해를 시도했다. 그 당시의 사람들이 그렇듯이 그도 중세의 세계관과 종교관을 가지고 있었다. 천국, 지옥, 전설상의 공간들이 이 세상에 실재하는 구체적인 장소로 생각했다. 그가 3개의 큰 봉우리가 있는 트리니다드를 발견한 3차 항해에서는 바다로 내려오는 거대한 민물을 보면서 에덴동산이

멀지 않다고 생각했다. 그는 살아생전에 진실을 알지 못하고 세상을 떠났다. 어쨌든 제대로 알지 못하고 있었던 것이 그를 서쪽 바다로 나아가게 했고 결국 서양 역사의 물줄기를 세계로 확대하는 역사적 거대한 발견을 하게 했다.

이처럼 역사적으로 위대한 일을 시도하고 이뤄낸 사람들은 그들의 능력도 능력이고 드높은 열정도 열정이지만 그들이 가진 착각들이 어느 정도 긍정적으로 작용했다는 생각이 든다. 주변에서 사업을 일궈 성공한 사람들도 보면 어느 정도 착각을 품고 있었기 때문에 사업을 결정하고 시도하지 않았을까.

현실에서 감당이 안 될 착각이나 오류는 크나큰 실패로 이어지기도 하지만 운이란 것이 절묘하게 작동하면서 큰 성공을 이루기도 한다. 사업을 진행하다 보면 망망대해를 떠도는 느낌의 상황을 맞이하기도 하고 불안과 좌절의 순간을 겪기도 한다. 그러다가 마치 콜럼버스가 아메리카 대륙을 만나듯이 귀인을 만나거나 신대륙 같은 결정적인 교두보를 만나 성공가도로 진입하게 된다.

사업으로 성공하신 분들에게 지금 다시 사업하기 전으로 돌아가서 사업을 하라고 하면 하겠느냐고 물어보면 많은 분들이 고개를 절레절레 흔든다. 실제로 사업의 과정을 겪어보니 무엇보다 자신만의 능력과 힘으로 되는 게 아니란 걸 깨닫는다. 피해갈 수 없는 절체절명의 위기가 찾아왔을 때 어디선가 때 맞춰 다가온 도움의 손길과 천사 같은 운이라는 게 작용을 안 했다면 어찌 되었을까 하는 아찔한 느낌을 갖기도 한다. 그걸 생각해보니 다시 사업을 한다고 상상하면 엄두가 나지 않는 것이다.

요즈음 자신의 이야기를 책으로 쓰고 싶어하는 분들이 많아진 듯하다. 그분들과 이야기해보면 책에 대한 기대치가 상당히 높다는 것에 놀란다. 책을 내려는 사람들이 자신의 스토리와 사유를 책으로 내기만 하면 대중들의 감동과 반응을 불러내어 자신의 책이 베스트셀러가 될 것이란 착각을 품듯이 사업을 시작하는 사람들도 어느 정도 착각과 오류가 가미되어 그 사업에 뛰어들지 않나 싶다.

물론 그들이 무턱대고 착각에 매몰되어 사업을 시작하진 않는다. 사업을 시작할 때 성공을 위해 가용한 루트로 시장조사를 하고 그를 통해 획득한 정보를 갖고 사업타당성을 평가하고 판단한 후에 사업에 뛰어들 것이다. 계란으로 바위 치기식의 뚜렷한 증거나 한계가 있을 때는 섣불리 나서지 않는다. 하지만 무언가 상황이 애매모호할 때 자신의 능력에 대한 과신, 아이디어에 대한 과도한 믿음, 시장에 대한 지나친 낙관 등의 착각이 작동한다. 어차피 100% 성공이 보장된 사업은 없으니

까. 마치 콜럼버스가 육지가 바다보다 커서 머지않아 아시아에 닿을 수 있을 거라는 생각으로 서해 항로 개척에 나서듯이 사업을 결단하는 과정과 순간도 어느 정도는 그러한 오산이 작용하는 것이라 본다.

자신에 대한 정체성과 주제파악이 뚜렷한 사람은 사업하기 어렵다. 그런 사람은 언제나 준비는 부족하고 자격은 미달이고 상황은 아직 너무 이르기만 하다고 생각할 수밖에 없다. 때로는 착각이 삶의 추진력을 만든다.

미국 매사추세츠 주에 소재하고 있는 밥슨 대학의 MBA 졸업생들을 대상으로 조사한 결과 그들 중 사업에 성공한 사람은 10%도 되지 않는데 그 이유는 간단했다. 단지 졸업생 중 10%만이 사업을 시작해서 성공했고 나머지 90%의 졸업생들은 준비가 완벽해지기만을 이제나 저제나 재고 기다린 것이다. 같은 시기에 같은 과정을 공부했지만 미래의 결과는 판이하게 달랐다.

착각을 조장하고 장려하자는 이야기가 아니다. 지나친 착각은 큰 실수를 부르고 재앙을 만들 수 있다. 그러나 착각이 반드시 그릇되고 제거해야만 하는 부정적인 것만은 아니다. 분명한 것은 착각을 하는 것은 인간의 변하지 않는 속성 중 하나라는 것이다. 착각을 긍정적인 방향으로 바꾼다면 무기력해질 수 있는 삶에 동기부여를 부르고 자칫 인생이 정체되었을 때 앞으로 나아갈 수 있는 추진력이 되기도 한다. 착각을 하는 인간의 속성 때문에 인류는 진보와 발전을 거듭했는지도 모른다. 착각이 도전이라는 기제를 낳고 그 수많은 도전들 중에 이루어낸 결과와 성취들이 오늘날의 인류 문명을 꽃피우게 했는지 모른다.

만일 인간이 정밀한 사고능력을 갖고 있어 행동과 실행에 있어 한 치의 오차나 오류를 범하지 않는다면 어떻게 되었을까. 착각을 하지 않는 사람들로만 가득한 사회라면 어떤 일이 벌어질까. 골프로 말하자면 극소수의 PGA, LPGA 정상급 수준이 될 만한 선수들만 파란 잔디에서 샷을 날리는 환경이 되고 말지도 모른다. 혹시 큰 선수가 될지 모를 대기만성형 청소년들이 타이거 우즈나 박인비 선수처럼 되고 싶다는 꿈을 진즉에 포기하게 되지 않을까.

국회의원 선거나 대통령 선거에 가장 당선 가능성이 높은 한 사람만 나오게 된다면 밤새 개표방송에 촉각을 곤두세우며 날밤 새우는 일은 없을 것 같다. 대학입시를 앞두고 있는 고등학생들 중 머리 좋은 한 자리 수 퍼센티지의 학생들만 대학진학을 위해 공부하고 나머지는 일찌감치 공부를 포기한다면, 설령 성인이 되어 직장에 들어가서도 임원 될 몇 사람들만 열심히 일하고 나머지는 열심히 일하지 않는 사람들로만 채워진다면 말이다.

바람 빠진 풍선처럼 뭔가 무기력해지는 느낌이 들지 않는가. 상상만 해도 지구촌의 활력과 생동감은 바닥으로 떨어지고 지속 가능하지 않은 사회로 퇴행되어 결국은 인류 사회가 소멸되지 않을까 싶다.

준비와 함께 시작한다

버진 그룹의 리처드 브랜슨Richard Branson 경은 파격적인 행동을 잘 하는 기인으로도 알려져 있는데, 그는 충분한 준비보다는 일단 착수하는 것으로 사업을 시작했고 또 계속 이어서 사업을 연결하고 확장해나갔다. 그가 하는 모든 사업들 중에 충분한 준비 과정을 거쳐 시작한 것은 단 하나도 없다고 한다.

사람들은 미래가 불확실하고 불안하고 준비가 안 되어 있고 자격이 안 되어서 더 준비를 해야 한다고 생각한다. 그러나 준비에는 한도 끝도 없다. 사람들은 거의 비슷한 데서 출발한다. 돈도 없고 자원도 없고 인맥도 없고 경험도 없다. 단지 차이가 나는 것은 그들 중 몇 사람은 그래도 시작한다는 것이다.

리처드 브랜슨 경에게 유명한 일화가 있다. 20대 후반에 사적인 일로 버진 제도에 가는 길이었다. 그런데 공항에서 말도 안 되는 정비를 해야 한다는 이유로 항공편을 취소시켰다. 그는 어처구니없는 일이라고 생각하고 누군가의 개인 비행기 한 대를 빌렸다. 빌릴 돈도 없는 상태에서 말이다. 그러고는 작은 칠판을 구해서 "버진 항공사, 29달러"라는 글씨를 쓰고는 항공편이 취소된 사람들에게 갔다. 비행기의 남은 모든 좌석의 티켓을 팔았고 그 돈으로 개인 비행기를 임대한 비용을 모두 지불한 후 그날 밤 예정대로 버진 제도로 날아갈 수 있었다.

묻고 싶다. 언제부터 삼성전자 반도체였나. 삼성전자는 1969년 설립되었고 1974년 12월 반도체 사업의 첫발을 내디뎠다. 이미 반도체 산업의 성장궤도에 올랐던 미국과 일본보다 27년이나 뒤처진 출발이었다. 1974년 삼성전자가 파산 직전의 한국반도체를 인수한 것이 그 시작이었다. 자체 기술이 없는 사업 초기의 상황은 고전을 면치 못했고 자본금을 모두 잠식한 채 몇 번의 위기 상황을 간신히 넘기기도 했다. 그러나 본격적으로 반도체 연구를 동반한 반도체 사업 진출을 천명한 것은 1983년이었다. 불과 36년 전이었다.

우리 세대가 취직을 할 1980년대 중반인 그 당시에 삼성그룹에서 반도체 사업부는 앞날을 알 수 없는 불확실성의 천덕꾸러기였고 다른 계열사에서 버는 돈으로 수혈 받아 운영되는 돈 먹는 하마 사업부였다.

"TV도 제대로 못 만드는데 최첨단인 반도체 사업에 전면적으로 뛰어드는 것은 위험하다. 3년 안에 실패할 것이다"라는 비아냥을 감수해야 했다. 그 당시 전 세계 반도체 시장을 쥐락펴락 하는 일본 업체들에 대항해, 장치산업이고 막대한 투자를 필요로 하는 반도체 사업은 삼성전자에게는 바위에 계란 치기로 보였다.

그로부터 20년이 흐른 2009년 삼성전자는 국내기업으로는 처음으로 연간 매출 100조 원에 영업이익 10조 원의 벽을 동시에 깼다. 삼성전자의 영업이익 (11조 5,800억 원)이 소니, 샤프, 도시바, 파나소닉 등의 일본의 10개 전자업체 영업이익을 전부 합친 것보다 많았다. 그 당시 일본 매스컴들은 이 사실을 보도하며 야단법석을 떨었다.

그로부터 다시 8년이 흐른 재작년(2017년) 2분기에는 매출과 영업이익, 영업이익률 모두 사상 최고치를 갈아치우며 애플과 인텔은 물론 FANG(페이스북, 아마존, 넷플릭스, 구글을 합친 실적)까지 모두 앞질렀다. 매출, 영업이익, 영업이익률을 모두 갈아치우는 삼성전자 '트리플 크라운Triple Crown'의 일등공신은 반도체였다. 어떻게 한 세대만에 한국의 삼성전자가 일본의 자존심이라 할 수 있는 그들의 전자산업을 훨씬 앞질러갈 수 있었던지 궁금하지 않을 수 없다. 그 이유와 다이내믹스Dynamics가 무엇인지를 흥미롭게 설명하는 책이 있다.

서울대 국제대학원 일본 전공 김현철 교수가 일본에서 출간한『한국의 황제경영 VS 일본의 주군경영』이란 책인데 도요타자동차의 사장이 전 사원 필독서로 추천하기도 했다. 그 이유를 이 책에서는 몇 가지를 정리했는데 두 가지만 인용하려 한다.

첫 번째는 한국 기업의 '적당주의'라고 표현했다. 적당주의라고 하니 어감상 약간 불편하게 느껴지는 부분이 있기는 하다. 일본은 그야말로 장인정신으로 유명하고 세대를 이어 가업을 이으며 품질을 높이고 완벽을 추구하는 경향이 짙다. 한때는 장인정신이 일본 기술의 신뢰를 높이고 일본 기업의 위상을 높이는 데 기여했다. 하지만 장인정신이 내포하는 완벽주의는 확장을 도외시하게 되고 스스로를 제한된 영역에 가두는 역작용이 있는 것도 사실이다. 급기야 적당주의로 일관하는 한국 기업에 역전을 당하는 지경에 이르렀다. 대표적인 예로 든 것이 일본의 술과 우리나라 소주인 진로의 사례다.

일본 술의 완벽을 추구하는 경향 때문에 놓치고 있던 시장이 일본 전체의 대중주 시장이었다. 한국의 소주는 일본 술에 비해 품질은 떨어지지만 그렇다고 대중들 입장에서는 전혀 받아들이기 어려운 저급 술은 아니었다. 고만고만한 품질의 진로는 대중주 시장에 효과적으로 먹혀들어갔다. 일본 서민들은 소주를 그냥 마시기보다 탄산, 주스에 희석

하는 미즈와리 방식으로 마시는 경우가 많다. 미즈와리 방식에는 오히려 고만고만한 품질의 담백한 진로 소주가 맛과 향이 강한 일본식 소주보다 장점으로 작용한다. 이 같은 기제가 작동하면서 적당한 품질의 진로 소주는 일본 소주 시장을 석권해나갈 수 있었다.

두 번째는 한국 기업의 속도전이다. 삼성전자는 무리를 넘어 불가능해 보이는 목표를 앞으로 저만치 던져놓고 그 간극을 동시다발적으로 채워나가는 전략을 시도했다. 단계별로 완벽하지 않으면 그다음 단계로 나아가지 않는 일본의 철저함에 비해 우리나라 기업들은 특유의 '빨리빨리'로 대변되는 기민성과 적응성으로 무장했다. 일본기업들은 2년 걸려 완공하는 반도체 공장을 삼성전자는 그 1/4인 6개월 만에 완성해 버린다.

나는 마지막 직장인 네덜란드 회사에 다닐 때 네덜란드산 반도체용 용제를 한국시장에 공급했었다. 직접적으로 삼성전자에 공급을 한 것은 아니고 삼성전자의 거래 회사인 여러 전자재료 회사에 공급했다. 삼성전자에 직접 연결이 되어 있는 것은 아니지만 우리 고객사들을 통해 그 업계의 일하는 강도와 업무방식의 속도감이 그대로 전해져온다. 평일 야근과 주말에 일하는 것은 기본이고 나의 컨택트 포인트였던 고객사의 한 임원은 해외출장을 가도 24시간 휴대폰을 열어놔야 한다. 아무리 시차가 있더라도 언제든 그의 고객사인 삼성전자의 전화를 받을 수 있는 준비가 되어 있어야 한다. 그리고 혹시 반도체 생산과정에서 품질이나 수율에 문제가 생기면 이건 비상도 보통 비상이 아니다.

2차 벤더Vendor인 우리 회사에게도 급박한 요청이 쇄도한다. 지난 몇 달 사이 공급했던 용제의 롯트Lot별로 세밀한 품질 분석과 불순물 수치의 경향분석 데이터를 요구하는데 그들이 요구하는 회신 기한은 바로 다음 날까지, 그야말로 전광석화電光石火식으로 우리의 피드백을 요구한다. 그러나 내가 근무하는 회사가 어느 나라 국적인가? 바로 유럽 속의 네덜란드다. 워라밸의 문화가 뼈 속까지 자리 잡은 그들이다. 그들은 한국 사람들, 특히 삼성은 으레 그러려니 한다. 그러나 그 사이에서 볶이는 처지에 있는 이들이 바로 외국계 회사의 한국 직원이다. 양쪽의 일하는 속도의 격차 속에서 애를 먹는다. 우리나라 전자산업의 업무진행 및 일 처리 방식에는 울트라 스피드Ultra Speed의 DNA가 녹아 있다. 혁신Revolution과 빠른 기술의 변화, 새로운 시장의 선점이 생명인 전자산업에서는 무엇보다 속도가 중요할 수밖에 없다. 지금의 한국 전자산업의 위상을 있게 한 그 속도를 계속 주도하려다 보니 때로는 상상을 초월하는 업무 강도가 이어질 수밖에 없다.

한때 난공불락처럼 보였던 일본 업체들을 단기간에 따라잡으려면 단계별로 차근차근 다져가는 방식으로는 크게 뒤쳐져 있던 격차를 줄일 수 없는 것은 너무도 당연한 이야기다.

탁월함은 머리가 아닌 몸에서 나온다

재작년 6월 말에 모 대기업 7월호 사보에 책 『담담하게 걷고 뜨겁게 뛰어라』의 저자로서 나에 대한 인터뷰 내용을 싣겠다고 해서 논현동 모 스튜디오에 갔다. 사진을 찍고 난 후 근처 커피숍에 가서 프리랜서 작가와 나의 책에 대한 인터뷰를 진행했다. 여러 이야기를 나누던 중, 작가는 내가 책을 쓰고 출판하게 된 과정을 꽤 궁금해하며 물어봤다. 대학에서의 전공도 글과 관련 없는 화학이었고 그렇다고 31년 직장생활 동안 글쓰기나 책에 관련한 일을 해본 적도 없는 내가 글을 쓰고 책을 낸 것이 신기했던 것 같다.

본인은 대학에서 국문과를 전공했고 사회에 나와 하는 일도 글과 관련된 일을 하고 있지만 아직 본인의 책으로 열매를 맺지 못하고 있다고 했다. 소설을 쓰고 싶은 생각은 있고 지금까지 써온 자투리 글들은 많지만 책을 내기에는 아직 엄두가 안 난다고 했다. 오히려 글을 직접 많이 쓰고 이 분야에 전문적으로 종사하다 보니 스스로 쌓아놓은 내적 기준이 높아졌다고 한다. 스스로 쓴 글에 대해 내적 검열 수위가 높다 보니 제동이 걸리는 것 같다.

어쩌면 오히려 얼치기가 일을 내는지도 모른다. 너무 꼼꼼하고 완벽하려다 보면 실제 행동에서는 발걸음이 떼어지지 않는다. 되는 이유보다는 안 되는 이유가 더 크게 보이게 되고 걱정이 앞서고 그 걱정은 더 확대된다. 그 걱정이 너무 커져서 도저히 돌파할 엄두가 안 난다. 교육을 많이 받은 사람일수록 그 사회를 지탱하고 있는 질서, 법칙과 룰에 집착하는 경향이 있다. 그 질서를 민망하게 하지 않으면서 나의 탁월함으로만 승부를 해야 한다고 생각하기 쉽다.

탁월함을 타고난 사람도 있을 수 있지만 그렇게 많지 않다. 물론 뭔가 일을 내기 위해서는 최소한의 소양과 공부는 필요하다. 처음 시도할 때는 부족하고 만족스럽지 못하다. 그러나 일의 끝을 보고 저지르고 진행하는 과정에서 실력이 엄청나게 는다. 시행착오를 겪으면서 생생한 자기 보정능력이 발휘되고 실력이 발전한다. 그런 과정을 반복하면서 탁월함이 생성되고 증가된다. 탁월함은 현장에서, 그리고 머리가 아닌 몸에서 나온다.

가령 영어 말하기 실력은 학원보다는 현장에서 외국 사람들과 같이 시간을 보내고 그들과 부대끼면서 는다. 학원에서의 배움은 기본적으로 영어 회화에 대한 골조를 세우고 장차 귀가 열리고 말이 트이기 위한 마중물 역할을 하는 게 아닌가 싶다. 달리 말해서 영어 말하기 공부를 학원에만 의지하고 멈추게 되면 실력 향상이 제한적일 수밖에 없다. 결국은 길거리에서든 상담 장소에서든 외국 사람과 상대하는 것을 두려워하지 않고 그들과 섞이고 대화를 주저 없이 시도하는 사람이 느는 것이다. 만약 낯을 가리고 성격이 내성적이어서 외국인들에게 들이대는 것을 잘 못한다면 어쩔 수 없이 영어를 사용하지 않으면 안 되는 환경과 장소에 스스로를 던져 넣는 것이다. 영어를 사용할 수밖에 없는 직장에 들어가거나 외국인이 같이하는 봉사단체에 들어가거나 해서 말이다.

나의 경우에도 처음 외국계 기업에 들어갈 때 기초 영어도 제대로 안 되는 수준이었다. 그러고는 실력은 안 되지만 한국에 방문한 외국인과 어쩔 수 없이 같이 다니면서 안내하고 고객과의 상담 때 통역을 할 수밖에 없는 상황이 반복되다 보니 영어가 늘 수밖에 없었다. 학원에서 영어를 완벽하게 공부해서 실력을 키운 후에 외국 사람을 상대하거나 관련 직업을 갖겠다는 사람은 그렇게 실현되기가 어렵다. 완벽을 추구하는 공부에 매달리다가 날 샌다. 현장에서 치열하게 부딪치면서 하는 공부의 밀도와 성과가 사람을 급성장시킨다.

무조건 나쁘기만 한 경험은 없다

평창동계올림픽 기간의 막바지일 때, 이미 경기가 끝난 선수들 중 서울 관광을 하고 싶은 선수들과 스태프들로부터 신청을 받아 서울 나들이를 다녀오는 프로그램이 있었다. 나는 강릉 선수촌 플라자에서 통역 업무를 하는 자원봉사자로서 비번인 어느 날짜의 서울 투어에 그들과 동반해서 도움 역할을 하겠다고 신청해놓았다. 내가 신청한 그날에 비교적 많은 선수와 스태프들이 서울 투어에 참여했다.

서울까지는 버스로 3시간이 걸렸고 서울에서의 프로그램은 북촌, 인사동, 창덕궁, 명동을 버스로 이동하며 걷는 것이었다. 창덕궁을 제외하고는 대부분은 그들이 알아서 쇼핑을 하든 눈요기를 하든 시간을 보내게 했다. 그리고 점심은 인사동 모 불고기집에서 단체로 제공되었다. 명동을 돌아보는 게 마지막 코스였고 명동에서 다시 3시간이 걸려 강릉 선수촌으로 복귀했다.

솔직히 그날 서울 투어의 질은 훌륭하지 못했다. 아무래도 서울시에서 지원하는 무료 투어 프로그램이다 보니 추가적인 비용이 들지 않는 절제된 프로그램이었고 식사는 내가 지금까지 맛본 불고기중에서 지우고 싶은 축에 끼는 맛이었다. 실제 식사 중에 내 옆에 앉았던 우즈베키스탄의 한 선수는 불고기를 거의 입에 대질 않았다. 주변을 둘러보니 음식을 남긴 테이블이 여럿 있었다. 기왕 하는 것이라면 먹는 것이라도 양질의 식당과 메뉴를 선택했으면 하는 아쉬움이 남았다.

강릉에 돌아와서는 아직 숙소 가는 셔틀버스 시간까지는 시간이 많이 남아 저녁도 먹을 겸 선수촌 플라자로 돌아왔다. 아직 근무 중인 박 매니저가 오늘 투어 어땠냐고 물어봤다. 박 매니저는 평창동계올림픽을 위해 차출된 사무관이고 플라자 관리 책임을 맡고 있었다. 느낀 점을 그대로 얘기했다. 박 매니저가 미안하다고 말했다. 식사도 좋지 않고 장소들도 단조로웠는데 일부러 가지 않아도 될 서울 투어에 보내서 미안하다는 것이다.

그 말을 듣는 순간 바로 느낀 점이 세상에 좋기만 하고 나쁘기만 한 게 어디 있냐는 생각이 퍼뜩 들었다. 투어의 질을 떠나 경기에서 메달을 땄든 못 땄든 각 나라를 대표하는 세계적인 선수들과 함께할 수 있어서 좋았고 그들이 한국에 좋은 인상을 가질 수 있도록 도울 수 있어서 좋았고 투어 중에 친해진 몇 선수들과 스태프들과 기억에 길이 남을 멋진 사진들을 찍을 수 있어 좋았다.

시간이 흐른 지금도 그 사진들을 보면 행복하다. 동행하셨던 라트

비아의 66세 심리치료 교수님에게 같이 찍었던 사진을 이메일로 보내드렸더니 너무 감사하다는 답장도 받았다. 전체적인 투어의 질은 아쉬웠지만 개인적으로는 일생일대에 한 번 있을까 말까 한 좋은 추억을 쌓은 것이다. 그리고 나는 자원봉사자의 신분으로 투어에 같이 동반한 것이지 내가 투어의 당사자로서 참여한 것이 아니기 때문에 투어가 불만족스럽다고 이의를 제기하거나 불만을 토로할 수 있는 처지도 아니었다.

사이판과 괌 사이에 로타Rota라는 섬이 있다. 사이판에서 경비행기로 35분 거리에 있다. 그 섬에는 다이버들을 매료시키는 여러 다이빙 포인트들이 있는데 그중에서도 '쇼운마루'가 가장 인기가 높다고 한다. 태평양전쟁 때 많은 수의 일본 군함들이 태평양 여기저기에서 침몰했다. '쇼운마루'는 태평양전쟁 때 침몰된 일본군의 화물선 이름이다. 쇼운마루호는 그 당시 침몰한 여러 일본 군함 또는 화물선 중의 하나다.

당시에는 비극과 참상의 현장이었고 많은 사람들이 목숨을 잃었다. 한참 세월이 흐른 지금 군함들이 침몰한 자리는 물고기들의 놀이터와 은신처가 되었고 많은 스킨 스쿠버들 사이에서 각광받는 다이빙 포인트로서 관광 명소가 되어 있는 것이다. 전쟁의 비극이 휩쓸고 간 자리가 세월이 흘러 그때와는 전혀 다른 반전의 장소가 되어 있다는 게 아이러니가 아닐 수 없다.

우리나라의 비무장지대, DMZ는 어떠한가? 1953년 남과 북이 정전협정을 체결하면서 남과 북의 경계선을 따라 남쪽과 북쪽으로 각각 2킬로미터씩을 말 그대로 비무장지대로 설정해 만들었다. 한국전쟁으로 인한 애끓는 분단의 산물이다. 오롯이 5,000년 역사를 담아낸 우리 민족의 터전인 한반도의 허리를 끊어서 관통한, 우리나라 근대사에 있어서 가장 뼈아픈 비극의 상징인 곳이다. 게다가 지난 65년 동안 비극의 상징인 이곳은 일반 사람들의 접근을 불허하는 높디높은 철조망을 사이에 두고 양쪽의 군인들이 온갖 무기들로 무장한 채 서로 눈을 부라리며 대치하고 있는, 세상의 어느 다른 지역보다 최고조의 긴장으로 인해 무겁고 음습한 지역이었다.

그러나 지난 65년 동안 일반 사람들의 출입이 통제되다 보니 아이러니한 일이 벌어졌다. 그곳이 외부로부터의 간섭을 최소화한 채 자연과 생태계의 보고로 거듭난 것이다. 온갖 진귀한 자연의 식생들이 인간과 문명의 침범 없이 온전히 자기들만의 순환을 반복하며 자기들만의 천국을 일궈냈다. 온 국민에게 감동을 준 지난 남북정상회담에서 합의한 것 중의 하나가 비무장지대를 평화지대로 만든다고 하니 이곳이 향후 어떻게 탈바꿈할지 기대가 크다. 앞으로 남북 정상이 합의한 대로 한 반도에 전쟁의 위협 없이 평화가 정착이 되고 통일이 오면 이곳은 어떤 생채기도 없이 자연 그대로 보존된 세계적인 공원이 되리라 믿는다.

좋은 일만 있으면 행복할까

새해가 되면 사람들은 그해의 덕담이 될 만한 말들을 교환한다. 친지나 지인들의 복을 빌어주고 그들의 소망이 이루어지기를 기원한다. 그중에서 상대에게 좋은 일만 있으라는 표현을 자주 본다. 그리 되면 정말 좋겠다는 생각을 해보기도 하지만 그것이 정말 좋은 일일까. 게다가 모든 사람들이 자신이 소망하는 바를 모두 이룬다면 그게 정말 모두를 행복하게 해줄까. 모든 사람들이 장수를 소망하듯이 모든 사람들이 100살, 120살까지 산다면, 공시생들이 모두 바라듯이 공시에 합격해서 공무원이 된다면 이 나라는 제대로 굴러갈까, 모든 부모가 바라듯 자식들이 모두 서울대에 들어가면 모두 행복해질까.

아쉽지만 그렇지 않을 것이다. 반대로 이 사회를 살아가는 모든 사람들의 재앙이고 불행이 될 것이다. 이 사회는 건강한 순환을 멈추고 기형적 몸뚱이의 사회가 되어 곳곳이 곪아 터질 것이다.

개인적인 삶에 있어서도 마찬가지다. 어둠이 있어야 밝음이 진정 밝음으로 사람을 기쁘게 하는 것이다. 말마따나 항상 좋은 일만 있고 기쁜 일만 있다면 그것이 정녕 기쁘고 좋은 일로 인지될까.

남태평양 코발트빛 바다를 항상 바라보고 열대 과일은 물릴 정도로 풍족하고 좋은 기후 속에 사는 사람들을 보면 천국에 사는 듯하다. 그 사람들에게 부럽다고 천국에 살아서 좋겠다고 말하면 그들은 단지 따분한 일상일 뿐이라고 말한다. 그런 환경을 갖지 못한 곳에서 치열하게 사는 사람들이 어쩌다 갔을 때 자연스럽게 나오는 탄성과 함께 천국 같은 느낌으로 다가오는 것이다. 어디에도 있는 사람은 어디에도 없는 것과 마찬가지이고 모든 것을 다 가진 사람은 그 어느 것도 갖지 못한 사람과 같다.

꼭 주역의 이치를 적용하지 않아도 세상 이치는 밤과 낮이 교차하고 혹독한 겨울 뒤에는 따뜻한 봄이 오기 마련이다. 따뜻한 봄이 가면 찌는 듯한 더위의 여름이 온다. 인생살이에도 마찬가지로 명과 암이 교차한다. 사람들은 항상 밝은 낮만 있었으면 좋겠다고 할지 모르겠다. 그러나 낮만 존재하는 세상이 된다면 어떻게 될까. 아주 피곤하고 무료한 일상이 되기 쉽고 사람들은 건강하게 오래 살지 못할 것이다.

돈이 많다고 해서 기쁜 세상만 살아가는 것이 아니고 가난하다고 해서 어렵고 고통스럽게만 살아가는 것이 아니다. 돈 많은 부자는 부자대로 돈이 없는 가난한 사람은 없는 대로 각각의 궤도에서 명과 암을 타며 살아간다. 인생에서 종종 벌어지는 힘든 시기가 있기 때문에 좋은 일이 생겼을 때 희열을 느끼는 것이다.

만일 우리에게 그 희열만 있다면 그것은 머지않아 더 이상 자극을 주지 않는 무덤덤하고 단조로운 일상이 되고 말 것이다. 이 두 가지는 따로 떼어서 생각해야 하는 것이 아니라 같이 생각해야 한다. 명과 암은 서로를 확인해주고 서로의 상황을 대비시켜 그 의미를 온전하게 느끼게 한다.

사람들은 좋은 시절이 왔을 때 그 시절에 도취되어서 하던 것을 놔버리는 우를 범한다. 사람들이 아니라 내가 그랬다. 30대에 시도했던 3년간의 사업에서 실패한 후 30대 후반에 들어갔던 미국계 다국적 기업은 환상의 직장이었다. 마치 명과 암이 교차한다는 이치를 증명이라도 하듯이 말이다. 사업 실패라는 어두운 터널을 빠져나와 그야말로 광명의 세상을 맞은 듯했다. 연봉은 아주 높은 수준이었고 특히 복지 혜택이 뛰어났다. 업무 강도는 그리 강하지 않아서 여유를 갖고 일을 할 수 있었다. 이런 직장이 있을까 싶게 누구나가 바라는 꿈의 직장이었다.

그런데 그런 환상적인 조건의 직장에서 편하고 좋은 것을 누리기만

하고 탐닉하는 데 시간을 보냈다. 마흔이 가까운 나이에도 이게 똥인지 된장인지 구분 못 하고 허송세월을 보낸 것이다. 이 회사에 들어오기 전, 사업이 어려워져 나락으로 떨어졌을 때는 세상 탓만 하면서 불평과 투정 속에 하늘을 원망하며 보내다가 정작 구렁텅이에서 빠져나와 살 만하니까 기고만장하며 원래 그랬던 것처럼 건방을 떨며 살았다. 스스로 돌아봐도 사람이 얼마나 간교한가. 그 회사에서 정년퇴직까지 일하고 싶었다. 그 좋은 조건 누리면서 여유 있게 직장생활을 하고 싶었다.

그런데 세상 이치가 얄궂다. 그 전에는 내 의지를 갖고 회사를 옮기고 내 주도로 사업을 했는데 정작 내가 오래도록 다니고 싶은 직장은 내 의지와 상관없이 기업 인수합병이 벌어졌다. 그로 인해 내가 맡았던 사업부는 다른 회사로 흡수되어 넘어가고 나는 원치 않던 명예퇴직을 하게 되었다. 물론 적지 않은 명퇴금을 받고 나오기는 했지만 다시 의도하지 않았던 불확실성의 세계로 나아가야 했다.

결과적으로 운이 좋아 다음 직장을 잡아 계속 경력을 이어갈 수 있었지만 지금 생각해도 그 환상의 직장에서의 4년이란 세월이 아쉬웠다. 아쉽다는 것이 의도와 다르게 짧게 근무한 것이 아쉬운 게 아니라 그냥 말초적인 것에 탐닉하며 보낸 세월이 아쉽다는 것이다.

내 인생의 어느 것도 버릴 게 없다

사람들은 저마다 떠올리기 싫고 지우고 싶은 과거가 있기 마련이다. 마치 컴퓨터 하드디스크라면 삭제하고 싶은 파일 같은 과거의 경험들이 있을 것이다. 그 지점만 생각하면 몸서리쳐지거나 부끄러워져서 남들이 보지 않더라도 숨고 싶은 기억의 편린들인 것이다.

내게도 그런 기억들이 넘쳐난다. 중학교 졸업식 때였다. 1970년대 어느 해 2월 중순, 당시에는 학교에 강당이 없어 졸업식을 실내가 아니라 운동장에서 치렀다. 그날따라 몹시 추웠다. 학생들뿐만 아니라 아들의 졸업식을 축하해주러 온 부모님들과 가족들이 추위를 피할 곳 없어 삭풍에 그대로 노출된 채 벌벌 떨며 졸업식을 지켜봐야했다. 나는 부모님과는 졸업식이 끝나면 운동장 어딘가에서 만나자는 장소 약속을 하고 졸업식장으로 들어갔었다.

드디어 고통스런 졸업식이 끝나고 해서는 안 될 행동을 했다. 심기가 꼬일 대로 꼬였는지 부모님과 만나기로 한 장소를 피하고 그 추위에 부모님을 내버려둔 채 혼자 집으로 돌아와 버렸다. 물론 부모님은 한동안을 어리둥절해 하셨을 거다. 추위에 발을 동동 구르며 기다리다 포기하고 집으로 돌아오셨다. 물론 부모님에게 한참 꾸지람을 들어야 했고 즐거웠어야 할 졸업식 날 분위기를 내 스스로 망치고 말았다.

지금 생각하면 철없고 어처구니없는 행동이었지만 당시에는 부모님에 대한 불만이 높았다. 녹록치 않았던 집안 사정으로 경제적으로 어려웠다. 친구들과 비교하면 나만 형편없이 사는 것 같아 스스로 자괴감에 빠지거나 위축되어 있었다. 내가 그렇게 된 것이 부모님 탓이라고 생각했고 그 불만이 부모님에게 그대로 향해 있었다. 말 그대로 철부지였다. 당시에 처한 현실을 부정하고 도피하고 싶었다. 그러나 집안 사정은 나의 바람과는 반대로 계속 어려워졌다. 고등학교를 진학하고 어렵게 대학은 진학했지만 아버님이 중풍으로 쓰러지면서 집안 형편은 더욱 곤궁해지고 궁핍해졌다.

지금 생각해보면 학창시절에는 경제적 궁핍함에 압도되어 살았다. 내 처지를 한탄하며 스스로 현실을 부정하며 지내지 않았나 싶다. 컴퓨터 표현을 빌자면 리셋 버튼을 눌러 당시의 궁핍한 처지를 버리고 좀더 부유하고 나은 환경으로 탈바꿈시키고 싶었다.

대학을 졸업하고 사회에 진출하면서 경제적으로 나아지고 개선되자 자신이 부정했던 것을 채워나가는 데만 급급했었다. 경제적으로 가난했던 나를 물질적으로 치장하는 데 우선했다. 자동차를 장만하고 좋은 식당에 가서 비싼 음식을 먹으며 경제적 여유를 탐닉했다. 좋은 회사 다니며 잘 나간다고 생각했다. 그런데 물질적으로 상황이 나아졌다고 해서 자신을 부정할 만한 사건이나 상황이 없어지지 않았다.

자신의 소갈머리는 그대로인데 외부의 표피만 바꾼다고 해서 달라지는 게 아니었다. 오히려 자신의 주제나 역량을 넘어 결국은 섣부른 결정으로 스스로를 고통스런 굴레에 빠뜨리고야 만다. 잘 다니던 회사를 그만두고 맨바닥 상태의 회사로 이직을 감행하기도 하고 야물딱지지도 않으면서 사업을 시작했다가 망하기도 하고 갑자기 나타난 동창에게 사기를 당하기도 하고, 손실과 낭패의 파노라마는 멈추지 않았다. 스스로가 얼마나 부실했는가를 지속적으로 드러내 보였다.

시간이 지나 40대가 되고 어느 지점을 지나니 그런 부실함을 내보이는 경우나 낭패감을 부르는 사건들은 줄어들었다. 그러나 이따금씩 떠오르는 과거의 추레한 기억들과 경험들은 진정되어가는 나를 교란시키고 후회에 잠기게 만들었다. 영원히 지울 수 있다면 지우고 싶었다. 그런 시간들과 실패가 없었다면 지금의 나는 훨씬 더 윤택하고 잘살고 있었을 텐데 하는 생각이 들기도 하면서 내 인생에서 깊은 상처만 남긴 소용없는 시절인 것처럼 느껴지기도 했다.

그런데 나이가 들면서 추레한 경험과 지우고 싶었던 기억들이 차츰

받아들여지기 시작한다. 이제 긴 호흡으로 옛날을 되돌아보니 과거의 잘 나가던 시절이나 현명한 결정만이 지금의 나를 존재하게 하는 게 아니었다. 생각만 하면 몸서리쳐지는 낭패나 실수, 그것들을 저지른 과거의 나도 버릴 수 없는 바로 엄연한 나였던 거다. 그것들이 많이 아프기도 했지만 내 안의 단단한 옹이가 되어 삶을 성장시키고 이어갈 수 있는 튼튼한 받침대 역할을 했다. 그렇게 다양한 과거들이 씨줄과 날줄처럼 얽혀 지금의 '나'라는 존재로 이르게 한 것이다. 그리고 평상시의 평화로운 일상이 얼마나 감사한지를 목젖을 타고 느끼게 한다.

　많이 둘러왔다고 생각했는데 그것이 삶이고 그것이 지금의 '나'인 것이다.

5장
/
각자의
인생에도
시차가 있다

다른 속도, 다른 레이스

　　　　　　　살아가면서 가장 심한 고통 중 하나가 무엇일까 생각해본다. 만일 자식을 키우는 부모라면 자식에게 심각한 문제가 생길 때이지 싶다. 특히 멀쩡하던 자식이 갑자기 정상적인 궤도에서 크게 벗어나 비일상적인 모습을 보인다거나 자기 학대를 할 때면 부모의 억장이 무너진다.

　언젠가 TV의 모 방송을 보니 어느 중년의 어머니가 화면에 나와 자신의 아들의 사연을 소개하며 도와달라고 하소연한다. 아들은 고등학생 정도의 나이인데 학교도 안 가고 자신의 방에서 두문불출하며 지낸다. 자폐적으로 세상과 단절하며 살고 있다. 그렇게 산 지가 일 년 정도

되었다고 한다.

앞에서 언급한 일본의 심각한 사회문제로 대두된 '히키코모리', 즉 은둔형 외톨이와 같은 유형의 문제다. 프로그램 중간에 터프한 모습을 하신 전직 형사였던 중년의 어르신이 나온다. 이분은 문제가 있는 청소년들에게 무술인 유도를 가르치며 유도를 매개로 아이들을 교화하고 세상 밖으로 나와 건강하게 살 수 있도록 이끄는 활동을 하시는 분이다.

이분과 함께 전문 상담사가 그 아이의 집을 방문해서 상담을 하는 장면이 나오는데 아이가 반응을 보이고 조금씩 개선의 기미는 보이기는 한다. TV를 보는 시청자 입장에서는 속 터져 답답할 지경이었는데 그 두 분이 하는 말씀이 귀에 꽂혔다. 그 아이도 세상 밖으로 나올 마음이 있는데 그 아이만의 속도가 있다고. 아무리 느려 보여도 그 아이의 속도를 참고 인내하고 기다려줘야 한다고. 그 어머니의 심정은 어떠할까 싶다.

만일 내 아이가 그런 상황이라면 나는 어떻게 처신했을까? 인내하고 못하고 기다려주지 못했을 것 같다. 또래의 아이들보다 이미 많이 뒤처지고 늦었다고 생각해서 닦달하고 아이를 압박했으리라. 아마도 윽박지르며 집착했다가는 돌아서서 싸늘하게 외면하는 과정을 반복하지 않았을까. 때로는 극도의 감정 표현을 아이에게 쏟아낼 수도 있을 것 같다. 그러면서 아이에게 도움이 되기는커녕 오히려 상처를 주는 방향으로 더욱 엇나가고 부모로서 마음 닿아 하며 지독한 불행감을 가지게 될 것 같다.

그 상황을 곱씹어보니 부모만이 나서서는 아이의 상황을 지혜롭게 개선시키는 어렵다는 것을 느끼게 된다. 그 아이의 어머니처럼 전문가의 도움을 받아 아이의 상황을 이해하고 그 아이의 속도를 존중하고 기다려주는 것이 해답이리라.

우리가 보통 어려움에 빠져 있을 때 조바심을 내며 상황이 빠르게 개선되기를 채근하며 조바심을 내지만 세상은 마치 나에게만 거리를 두기로 작정한 것처럼 내 의도대로 쉽게 빨리 다가오지 않는다.

그런데 이상하게 남들을 보면 그렇게 어렵게 사는 것 같지 않다. 남들은 그렇게 부대끼며 살지 않아도 타이밍 좋게 계기를 만나서 순풍에 돛 단 듯 잘 살아지는 것 같고, 끝장날 것 같은 위기의 순간에도 새로운 돌파구를 만나 잘 극복하는 것만 같다. 나만 내놓는 걸음마다 엇박자를 놓거나 스텝이 엉키는 것 같은 느낌이다.

그러나 어떻게 그럴 수만 있겠는가. 지금 모든 것이 순탄하고 여유로워 보이는 사람들도 한때는 열심히 페달을 밟고 노력을 기울이는데도 다람쥐 쳇바퀴 돌 듯 한없이 헛수고를 하고 있는 것처럼 느껴질 때가 있었을 것이다. 지지부진함을 넘어 바닥을 헤맨 시절이 있었지만 어느 순간 삶의 반전 모멘텀을 만나거나 귀인을 만나 어렵던 시절을 벗어나서 기분 좋은 도약의 순간을 맞이하게 된 것이리라.

찬찬히 다른 사람들의 삶을 들여다보면 삶의 출렁거림과 요동에서 자유로운 사람은 없다. 이제나 저제나 하다가 예상치 못한 지점에서 변곡점을 만나 상승의 곡선으로 전환하게 된 것이다.

지금 시대에 우리는 남과 나의 경계가 모호하고 희미해지는 세상을 살고 있다. 모든 것이 개방되고 SNS를 통해 남의 소식을 쉽게 접하고 실시간으로 공유하는 세상 말이다. 이러한 세상에는 부정적인 역기능이 있다. 자기 자신의 박자와 흐름으로 살아가기보다는 다른 사람들의 시선이나 모습에 쉽게 영향받고 간섭받게 된다.

SNS를 적극적으로 활용하는 사람이라면 자신의 생활과 여가에서 최선의 모습을 대외적으로 전시하고 싶은 욕구가 인지상정이다. 어느 누가 자신의 추레하고 유쾌하지 않은 모습을 드러내고 싶겠는가. 사람들의 일상에는 항상 명明과 암暗이 공존하기 마련이지만 대외적으로 노출시키고 싶은 것은 아주 좋고 밝은 부분, 극명克明에 해당하는 부분이게 된다.

나를 둘러싼, 때로는 내가 전혀 모르는 사람들 한 사람 한 사람의 극명에 해당되는 부분만이 누적적으로 자극하게 되면 자신만이 비루하고 누추한 인생살이를 하고 있다는 느낌이 들기도 한다. 남들은 뻥 뚫린 고속도로를 달리는데 나만 이면도로의 골목에서 헤매는 것 같은 기분 말이다.

밖으로 드러난 사람들의 면면은 당연히 그 사람의 모든 것을 말해주지는 않는다. 보이는 것에 현혹되거나 헷갈리면 안 된다는 것을 이성적으로는 알지만 감성적으로 취약한 존재인지라 그 영향에서 자유로울 수는 없나 보다. 누구나 어느 정도는 상대적인 박탈감 또는 열등감을 갖고 살아간다. 설사 어느 순간 자신이 최고란 생각을 잠시 가질 수는 있어도 오래가지는 않는다.

만화가로서 성공한 이현세 씨가 그 세계에서 천재를 만났을 때의 마음고생과 그 이후에 겪은 이야기를 쓴 글이 고개를 끄덕이게 한다.

'살다 보면 꼭 한 번은 재수가 좋든지 나쁘든지 천재를 만나게 된다'라는 글로 시작되는데 어릴 때는 동네에서 신동 소리도 듣고 학교에서는 만화에 대한 재능을 인정받아 졸업하고는 만화계로 사회에 진출했다. 그리고는 동료들을 만나 작업을 하게 되는데 그들과 부딪히며 자신의 재능이 보잘 것 없다는 걸 깨닫게 된다. 그중에 한두 명의 천재를 만나게 된 것이다. 그러면서 스스로 루저인 듯한 상대적인 박탈감으로 마음고생을 겪지 않았을까. 그러나 그는 매일매일 밤을 새우다시피 그림을 그렸다.

이 작가는 천재들과 정면승부하지 말라고 강변한다. 천재들은 그들의 재능 덕으로 쭉쭉 앞서나가기 시작하고 이 작가는 그들이 저만치 앞서 달려가는 것을 보고 뒤에서 어쩔 수 없었을 것이다. 그러나 상처받지 말라고 한다. 자신을 믿고 자신만의 최선의 속도로 나아가라고 하면서. 본인은 10년, 20년 꾸준히 공들여 만화를 그리다 보니 어느 날 그 천재를 추월해 앞서가는 자신을 발견했다고 한다.

왜 그런 반전의 상황이 펼쳐졌을까. 천재라도 피할 수 없는 게 있기 때문이지 싶다. 천재에게도 넘지 못할 산과 같은 장애물이 앞을 가로막는 순간이 온다. 막힘없이 순탄하게 질주만 해온 천재들은 그러한 장애물에 하릴없이 좌절하고 속수무책으로 무너지고 만다.

학교 다닐 때 시험을 치르고 석차, 즉 등수를 받아보면 마치 넘사벽이 버티고 있는 것처럼 일정 등수 이상은 도저히 진입하지 못하는 영역이 있다. 초등학교에서는 가끔 일등도 해보고 하지만 중학교, 고등학교로 갈수록 점점 더 넘사벽은 두터워지고 상위 일정 등수까지는 아무리 열심히 해도 나에게는 닿을 수 없는 미답未踏의 세계처럼 허락하지 않는다. 그 당시에는 좌절감을 느끼기도 하고 스트레스를 받기도 했다. 학교를 마치고 사회생활의 치열했던 한복판을 통과해서 이제 다들 퇴직을 하거나 은퇴를 앞둔 지금 시점에서 되돌아본다.

학교에서의 성적의 앞서거니와 뒤서거니, 사회로의 진출이 다소 빠르고 늦음, 그리고 사회생활 초중반 페이스의 늦고 빠름은 현재의 모습을 결정하는 요인은 아니었다. 학창시절 성적으로 넘사벽의 영역에 있던 친구들과 그 영역 밖에 있던 친구들과 비교하는 것 자체가 의미가 없을 정도로 지금 사는 모습들이 학교 때의 성적과는 무관하거나 불일치한다.

학교 성적이나 사회생활 초반의 기세와 같은 것들이 전체 인생을 결정짓거나 받쳐주는 지지대가 아니다. 인생이 그처럼 단순하지 않다. 학교를 졸업하고 사회로 진출하는 분야가 서로 다르고, 진출 분야가 우리 사회에서 성장동력이 큰 분야였는가 아닌가에 따라, 개개인의 능력에 따라, 그리고 운이 어떻게 작용했는지에 따라 등등. 이처럼 다양한 요인들이 살아 있는 생물처럼 인생에 관여하기 때문에 10대, 20대의 성과나 속도로 미래 모습을 가늠하는 것은 섣부르다.

개개인의 능력이라는 것도 학생시절에는 종이 시험을 잘 치르는 수리능력, 암기능력과 해석능력에 국한된다. 그러나 사회에서는 오히려 그런 능력보다도 그 외의 여러 능력들이 요구되고 가치를 발한다. 대인 관계지능, 감성지능, 언어지능, 사물의 불분명한 모습 속에서 그 정체를 감지해내는 직관지능 등이다.

열거한 여러 지능들과 능력이 모두 중요하지만 나는 특히 감성지능에 주목한다. 자기 존중감과 관련이 높은 지능이다. 자신의 기분, 감정, 느낌을 잘 인식하고 타인과의 공감 능력이 뛰어나다. 자신의 감정을 조절하는 데 능하고 이것은 자제력, 일관성, 지구력으로 이어진다. 자기 동기부여와 열정이 고양된다.

학생이었던 시절과 20대에는 조금만 뒤처져도, 조금만 늦어져도, 조금만 탈락해도 세상에서 낙오자가 될 것처럼 호들갑을 떨곤 했다. 그러나 지금 주변을 돌아보니 일반적 기준으로 꽤 잘살고 있다는 분들 중에 여러 이유로 학교 졸업이 늦고 사회진출이 늦었던 사람들이 꽤 많다는 사실을 깨닫게 된다.

출발이 늦었다고 해서 그것이 그분들의 지금 삶에 발목을 잡고 부정적인 영향을 끼쳤는가. 그렇지 않다는 것이다. 거듭된 대학 낙방과 집안 사정으로 대학 진학이 또래 친구들보다 5년 정도 늦어진 어느 지인은 대학을 졸업하고 차근차근 자신만의 길을 걷다 보니 자신의 경력에서 인정받고 지금은 누구도 부럽지 않은 안정되고 여유 있는 삶을 살고 있다.

되려고 하지 말고 하려고 해라

원로 배우 변희봉 씨 이야기를 해보려 한다. 방송을 처음부터 본 것은 아니고 변희봉 씨와 봉준호 감독이 같이 인터뷰하는 장면을 보는데 그의 이야기가 예사롭지 않게 들렸다. 알려져 있는 1942년 출생이라는 것을 감안하면 우리 나이로 78세다. 그 나이에 아직 왕성하게 배우로서 활동하며 재작년에 개봉한 〈옥자〉 같은 핫한 영화에 출연하기도 했다. 지금 나이에 전성기를 구가하고 있다.

내가 기억하는 변희봉 씨는 1970, 80년대 인기 드라마였던 〈수사반장〉에서 주로 악역 또는 사기꾼 같은 범죄인 역할로 나왔던 걸로 기억한다. 잘생김과는 동떨어진, 그만의 아우라를 지닌 강한 인상의 외모이다 보니 조연 또는 비중이 그닥 없는 배역을 주로 맡았었다. 내가 기억하고 뇌리에 강하게 남아 있는 그의 대표적인 표정 연기는 눈을 희번득 뜨며 놀라거나 분노하는 표정이다.

실제 방송에서 그가 털어놓은 과거 이야기도 다를 바가 없었다. 조역 또는 단역을 전전하거나 마땅한 배역이 없어 한동안 쉬어야 했다. 생활이 어려웠고 실제 촬영현장에서 제대로 사람대접도 받지 못하다 보니 자괴감으로 마음고생을 하기도 했다.

그렇게 오랫동안 뒤안길의 연기인생을 살다가 봉준호 감독의 제의로 영화 〈플란다스의 개〉에 출연하면서 그와의 인연을 20년 가까이 이어오고 있다고 한다. 그는 봉 감독의 영화에 계속해서 출연하면서 뒤늦게 명배우의 반열에 올라서게 된다. 개인적으로는 영화 〈괴물〉에서의 그의 연기가 강렬하게 뇌리에 남아 있다.

20대부터 이른 나이에 스포트라이트를 받아 비교적 쉽게 스타의 삶을 누려온 배우가 있는가 하면 변희봉 씨같이 오랜 기간 동안 포기해야 마땅한 지루하고 힘든 시간을 견뎌내고 50대 후반에 꽃을 피우기 시작해 70대에 전성기를 구가하는 배우도 있다. 한여름의 뜨거운 뙤약볕과 태풍이 몰고 오는 모진 비바람을 견뎌내고 무르익은 가을 열매처럼 그에게서 풍성함, 성숙 그리고 잘 살아왔다는 스스로에 대한 대견함이 어우러진 느낌을 받는다.

이처럼 늦은 나이에 또는 인생 후반부에 빛을 보거나 성공의 결실을 맺는 예는 많다. 내가 〈쇼생크 탈출〉이란 영화에서 처음 연기를 봤고 이후 한동안 좋아했던 배우 모건 프리먼Morgan Porterfield Freeman도 배우로서 성공의 언덕에 올라선 것은 무척 늦은 때였다. 젊어서는 미 공군의 자동 추적 레이더 수리공으로 생계를 꾸려나가다가 자신에게 맞지 않음을 알고 배우로서의 길로 뒤늦게 들어선다. 배우가 된 이후로 영화에 출연하기까지 긴 세월이 소요됐다. 영화배우로 좀 알려지기 시작한 것은 50세에 출연한 영화 〈스트리트 스마트〉로 오스카상 조연후보에 오르면서부터다. 1937년생이니 그는 지금 만 82세의 나이다. 〈쇼생크 탈출〉이 1994년 영화이니 그때가 만 57세의 나이였다.

그 밖에도 뒤늦게 꽃을 피운 인물들이 수없이 많다. 찰스 다윈이 인류의 과학 역사를 새로 쓴 『종의 기원』을 쓴 것도 그의 나이 50세의 일이다. 지금은 간편식의 대명사로 자리 잡은 라면을 처음 개발한 이가 안도 모모후쿠Ando Momofuku라는 일본인이다. 라면을 개발한 게 그의 나이 48세 때의 일이다. 맥도날드를 전 세계 역사상 가장 큰 프랜차이즈 음식점으로 키워낸 레이 크록Ray Kroc은 52세의 나이에 첫 맥도날드 음식점을 사들였다.

2년 전에 시집 『곁을 주는 일』을 낸 문신 시인은 「우연한 중년」이란 시에서 '마흔에서 쉰 살까지를 밀고 가는 것은 가쁜 숨이다'라고 표현했다. 2008년 첫 시집을 냈는데 반응이 없었다. 어떻게 써야 주목을 받을지 고민이 많았다. 문학상을 받은 작품을 참고하기도 했다. 오히려 혼란스러웠다. 그런 시간 속에서 다다른 생각은 흐름은 끊임없이 바뀐다'라는 것이다. 그의 절친인 어느 시인이 조언을 해줬다. '유행 좇다 세월 다 간다. 내 시 쓰다 보면 언젠가 내 길 위에 내가 제일 앞에 있을 거'라고.

열심히 하고 있는데도 사방이 벽으로 막혀 있는 것처럼 성과는커녕 주변의 상황이 미동도 하지 않을 때가 가장 힘들다. 마치 길을 잘못 든 것처럼 내 안에서는 회의懷疑와 의심이 소용돌이친다. 문신 시인이 모 신문사에 기고한 글에서 '되다'와 '하다'의 차이를 이야기하는데 가슴이 데였다.

많은 사람들이 모임이나 술자리에서 툭하면 '요즘 되는 일이 없다'고 하소연한다. 누군가 이런 조언을 했다고 한다. "되려고 하지 말고, 하려고 해봐라." 한 마리 새가 되는 일은 공중에 떠서 쉬지 않고 날갯짓을 하는 일이다. 하는 일에 그침이 없어야 비로소 된다는 설명을 들으면서 한동안 고개를 들 수가 없었다고 한다.

문신 시인은 시인이 '되는' 일에만 열광했지, 시 쓰는 일을 '하는 것'에서는 보람을 찾지 못했던 것이다. 이제 좋은 시인이 되겠다는 다짐은 하지 않는다고 한다. 그것은 좋은 일을 하고 있을 때에만 좋은 사람이 된다는 것과 다르지 않다는 말로 글을 맺었다.

일들이 제대로 풀리지 않고 오랜 동안 진척이 되지 않을 때가 가장 힘들다고 느껴진다. 이럴 때 무엇을 어떻게 해야 하는가? 매일매일 해야 할 일을 해야 한다. 지금의 상황에 현혹되지 않는 것이다. 제자리걸음에서도 근육이 생긴다. 느려터진 나를 참고 기다려줘야 한다.

사람들의 서로 다른 시간대

태양의 위치와 고도로 보자면 가장 뜨거워야 할 하지인 6월 21일로부터 한 달하고도 보름 가까이 지난 8월 초가 가장 뜨겁다. 이때 사람들은 집중적으로 여름휴가를 떠난다. 계곡과 바다는 사람으로 인산인해로 넘쳐나는데 서울은 텅텅 비어 오히려 서울에 남아 있는 사람들이 모처럼 헐거운 여유를 만끽하고 도로는 교통체증 없이 차들이 다닐 만하다. 세상이치는 이처럼 시차가 있다.

내가 근무하며 경험했던 미국계 글로벌 기업의 이야기를 소개하려 한다. 바로 몬산토Monsanto란 미국 기업이다. 원래는 화학계열의 글로벌 기업이었는데 내가 입사할 당시인 97년도 무렵 이전에 회사의 사업 정체성, 즉 회사의 주력 사업 전체를 전면적으로 바꾸겠다는 혁신적 선포를 했다.

기존의 화학기업에서 라이프 사이언스Life Science, 즉 생명과학 회사로 거듭나겠다고 선언하고 기존의 화학 사업을 팔아 정리하고 종자회사들을 사들여 회사의 사업 프로파일을 완전히 바꾼다. 그러고는 자사가 생산하는 특정 제초제에 콩, 옥수수가 내성을 지니도록 유전자 조작을 시도한다. 여러분들이 들어봤을 법한 유전자 조작, 즉

GMO^{Genetically Modified Organism} 콩, 옥수수를 처음 시도한 기업이 몬산토다.

당시에 몬산토에 입사하고 얼마 지나지 않아 인도네시아 발리에서 진행하는 회사의 글로벌 미팅에 참석했는데 본사 임원이 무대에 나와서 라이프 사이언스 사업의 미래 비전에 대해 설명했다. 그때 그의 메시지가 너무 설득력이 있어 지금도 그의 프레젠테이션을 선명하게 기억한다.

그는 사과 하나와 나이프를 들고 나와 설명을 시작했다. 그 사과를 지구라고 생각하란다. 지구에서 차지하는 경작지의 면적이 어느 정도일지 시각적으로 보여주려는 것이다.

일단 나이프로 지구의 3/4을 제거한다. 무엇보다 가장 큰 부분을 차지하는 바다이니. 그러고는 남아 있는 1/4인 육지 부분을 설명을 곁들이며 계속 슬라이스로 잘라낸다. 황무지, 산악 지역, 사막, 호수, 도시 지역 등등. 결국 손에는 얇은 한 피스의 사과 슬라이스만 남는다. 이게 경작지라는데 겨우 손에 쥐고 있는 가느다란 한 피스의 사과 슬라이스, 그 의미의 강렬함은 인류가 의존하는 작물의 생산 토대가 얼마나 취약한지 거기에 참석한 직원들 시선과 뇌리에 큰 인상을 주기에 충분했다.

그러고는 전 세계 인구는 기하급수적으로 늘 것이고 전 세계의 농작물 작황은 계속되는 기상이변 때문에 타격을 받을 수밖에 없다는 설명을 추가한다.

실제 그해에는 엘니뇨 라니냐 등 기상 이상 현상이 극심하게 발생해서 전 세계 농산물 수확량이 심각할 정도로 타격을 받았다. 당시의 몬산토 직원들은 회사가 제시하는 비전에 크게 공감했다. 앞으로 나아갈 미래의 한복판을 주도할 생명과학사업이라는 배에 올라탄 것에 스스로 행운아라는 생각을 했는지 모른다.

라이프 사이언스 사업 선포 후 초기에는 주식시장에서 몬산토의 주가가 크게 오르며 시장에서도 큰 기대를 반영하고 있었다. 그러나 실제 어떤 일이 벌어졌을까. GMO 유전자 조작 콩 옥수수에 대한 유럽과 일본의 극심한 반대에 부딪혔다. 그 저항의 수위가 심상치 않았다. 유럽에서는 몬산토 회사의 이름과 로고에는 죽음을 상징하는 해골바가지를 그려넣기도 했다.

이러한 심각한 반대여론으로 말미암아 몬산토의 사업 청사진은 현실에서 힘을 잃고 크게 빗나갔다. 그러면서 회사의 자금흐름이 꼬이기 시작했다. 시간이 지나도 호전은커녕 더욱 악화되자 회사는 사업들을 매각하기로 한다. 내가 속했던 식품사업부도 매각을 하고 종자사업도 누군가에게 넘어가는 최악의 상황이 벌어지고야 말았다. 나도 입사한 지 4년 만에 회사를 그만두게 되었다.

혁신적인 영역 또는 신규 사업에서 선발자First Mover로 선봉에 나서는 것은 폼은 날지 모르지만 그리 현명하지 않은 결정이다. 새로운 시도와 개혁은 이미 형성되어 있고 작동하고 있는 기존의 세력이나 메커니즘에 의해 큰 저항에 부딪힐 수밖에 없다.

이는 역사가 증명한 이치이고 예외가 없다. 선발자는 선봉에 서서 저항의 돌팔매를 온몸으로 맞아야 하고 그에 따른 비용을 모두 감수해야 한다. 현명하고 스마트한 전략은 2선에서 준비하고 있다가 시장에서 초기의 의문 제기나 저항의 파고가 진정이 된 이후에 나서는 한 호흡 참기 전략이다. 누군가가 인수한 몬산토도 그로부터 10년 지나고 시장의 상황이 정리되고 사업이 궤도위에 오르면서 직원들 연말 보너스 잔치를 한다는 이야기를 나중에 들었다. 이처럼 기업이나 사업도 그 흐름상 시차를 겪는다.

삶의 흐름도 마찬가지다. 내가 가장 각을 세워 뭔가 일의 대상에 가장 가깝게 다가가 열정을 발산하고 있을 때, 일의 결과가 바로 데워져서 나타나지 않는다. 잠깐의 시차를 갖고 바로 나타날 수도 있지만 한참 시간이 지나도 결과물이 안 나오는 경우가 있다(경과한 후에 실현이 될 수도 있다). 그런 때에는 다른 사람들은 모두 빠르게 결과를 얻어 성과의 열매를 향유하고 있는데 나만 소외되어 있는 것처럼 조바심이 나고 초조해진다. 중요한 것은 언제 결과가 나올 지는 내 능력 밖의 영역이니 말 그대로 시간에 맡기고 다음 할 일을 따라 앞으로 나아가면 된다. 조바심을 내면 될 일도 안 된다.

언젠가 지인으로부터 제목이 '타임존Time Zone'이라는 동영상을 받았다. 우리말로 번역하면 '시간대'라는 단어가 적절할 것 같다. 동영상을 보고 그 내용에 반했다. 사람들은 각기 자기만의 시간대가 있다는 것이다. 뉴욕이 캘리포니아보다 3시간 빠르지만 그것이 캘리포니아가 뉴욕보다 느리다는 것을 의미하지 않는다.

버락 오바마는 55세에 대통령직에서 물러나고 도널드 트럼프는 70세에 대통령직을 시작한다. 스티브 잡스는 25세에 CEO가 되고 55세에 죽고, 또 누군가는 55세에 CEO가 되고 90세에 죽는다. 누군가는 나보다 빠르게 앞서 가 있는 것처럼 보이고 또 누군가는 나보다 뒤쳐져서 오고 있는 것같이 보인다.

그러나 모든 사람은 각자의 시간 흐름으로 자신만의 레이스를 달리고 있는 것이다. 누군가 앞서 있다고 질투하지 말고 누군가 내 뒤에 있다고 우습게 보지 마라. 인생이란 각자의 시간 속에서 열매를 맺는 시기를 향해 걸어갈 뿐이다. 사람들은 각기 다른 곡선과 흐름으로 생을 살고 있다. 누구도 빠르거나 늦음이 없이 자신의 페이스로 삶을 살아가는 것이다. 몸에서 힘을 빼라는 메시지였는데 너무 공감이 갔다.

사람들이 살아가는 모습과 속도에 어떤 공식이 있을 리 만무하다. 어떤 나이의 단계에는 어떤 조건 속에서 어느 정도의 노력을 들여야 어느 규모의 성과나 성공을 거둘 수 있다는 특정한 공식은 없다. 싸이의 '강남 스타일'이 전 세계적으로 공전의 히트를 시켰다고 해서 그 길을 그대로 다시 밟는다고 해서 그와 똑같은 세계적인 히트작이 나온다는 보장은 없다. 어느 한 사람이 그 사람 특유의 모델로 성공했다고 해서 그 사람을 그대로 따라 했다가는 낭패를 보기 십상이다. 엄연히 그 사람은 그 사람이고 나는 나인 것이다. 그 사람이 갖고 있는 개성과 특징이 나와 다르고 보이지 않는 손과 같은 운의 작용도 다르기 때문이다.

꽤 오래전에 강의를 들으러 가면 어느 분야에서 성공했다는 사람이 나온다. 그런데 그분들이 하는 말씀 중에 평범하고 내놓을 것이 없는 자신도 해냈으니 여러분도 할 수 있다고 저지르라고 독려하는 발언을 하는 경우를 자주 봤다. 물론 그분들이 모든 여건이 준비되어서 시작했을 리는 만무하고 여러 가지 장애와 어려움을 뚫고 그 자리에 섰을 것이다. 그러나 내가 해냈으니 타인들도 할 수 있다는 단순 논리는 살짝 불안한 게 사실이다.

언젠가 서영은 소설가의 에세이를 읽은 적이 있다. '생의 파도타기는 나만의 리듬으로'라는 제목의 에세이였다. 동해안에서 태어나 어렸을 적부터 냇가와 바다에서 자연스럽게 수영을 잘하게 되고 좋아하던 그녀가 성인이 되어 언젠가 처음 수영장에 가게 되었다.

물속에 라인이 쳐져 있고 그 속에서 코치의 가르침을 받아가며 속도 경쟁을 하는 선수들의 훈련하는 모습을 보며 마치 사회적 인식의 정형화된 라인에 갇혀서 경쟁을 벌이는 현대인의 모습이 투영되었다. 그녀에게는 그 라인이 스스로를 가두는 울타리처럼 보였나 보다.

그녀는 이렇게 질문한다. '삶에 무슨 라인이 있겠는가'라고. 그리고 '삶의 지혜란, 우리 안의 보이지 않는 라인을 걷어내 물을 물로 느끼는 것, 물속에서 물고기가 그렇듯 그저 지느러미를 잘 작동하는 것, 그것이면 다가 아닌가'라고 반문한다.

사회적 인식과 기준에 맞추어 사람들은 자신의 진로와 속도를 설정한다. 수영장에 쳐져 있는 라인 안에서만 수영해야 한다고 생각하고 있는 건 아닌지 모르겠다. 고등학교를 나와서는 대학을 진학해야 하고 기왕이면 명문대를 나와서 삼십 전에 대기업을 들어가거나 공무원이 되어야 하고 마흔 전에는 집을 장만해야 하고 오십 전후에는 임원이 되어야 하고 쉽지는 않지만 정해진 나이에 정년퇴직을 하는 라인과 같은 일직선의 삶을 그린다.

이런 삶도 괜찮다. 이런 삶이 나쁘다는 건 아니다. 그러나 이렇게만 산다면 아쉬움을 떨칠 수 없는 게 있다. 자신만의 지느러미 흔들기, 자신만의 전율이 없다. 이 사회와 공동체가 지정해준 색깔로 덧씌워져 자신이 어떤 색깔의 존재인지 아예 분간하려 하지도 않고 그냥 죽을 때까지 깜깜이로 있다가 저세상으로 간다.

아직 어리고 학교를 다닐 때는 부모님 보호하에서 마치 라인이 쳐져 있는 수영장에서 수영을 하는 듯하다. 그러나 어른이 되어 자신의 인생을 독립적으로 헤쳐나가야 하는 시기가 되면 그 라인을 지탱하던 고리들이 헐거워지기 시작한다. 헤엄을 치고 있는 곳이 더 이상 수영장이 아니기 때문이다. 망망대해 바다로 나온 것이다.

바다에선 파도가 거세고 조류의 변화가 무쌍하다. 어디가 끝이고 목적지인지 가이드해줄 것 같은 라인은 바다에서는 파도와 조류의 기세 때문에라도 애당초 존재가 불가능하다. 서영은 소설가의 표현처럼 물고기가 자신의 지느러미를 잘 작동시켜 헤엄치듯 앞으로 나아가는 것이다. 때로는 조류를 타기도 하고 거센 파도를 견디기도 해야 한다. 물을 물로 느끼며 자신의 지느러미를 쉬지 않고 너울거리며 자신의 속도대로 헤엄쳐 나아가는 것이 풍요롭게 사는 모습이리라.

6장

운은
'한 걸음 더'를
타고 온다

인접한 곳으로 한 걸음 더

지난 평창 패럴림픽에서 한국인으로서 사상 처음으로 금메달을 딴 신의현 선수 이야기다. 그의 이야기는 사람들의 삶에서 감내하기 어려운 극단의 불행과 같은 기울기가 어떻게 인생의 성취와 희열이 될 수 있는지 우리에게 시사하는 바가 크다. 20대 젊은 나이에 사고로 다리를 절단한 초유의 불행과 깜깜한 터널의 시기를 지나 장애인 운동선수로 정상에 우뚝 서기까지의 스토리는 감동 그 자체다. 그는 평창 패럴림픽 이전에 이미 금메달 1순위로 상당한 기대를 모았다. 그러니 패럴림픽을 앞두고 마음의 부담이 컸을 것이다.

작년 3월 패럴림픽이 시작되고 초중반 여러 경기에서 부진한 모습을 보고 마음의 중압감을 떨쳐내지 못하는구나 하고 생각했는데 막판에 결국 금메달을 따냈다. 정말 불굴의 의지로 그 모든 것을 이겨냈다는 생각에 나도 눈시울이 뜨거웠었다.

그가 금메달을 딴 종목은 패럴림픽 장애인 크로스컨트리 남자 7.5km 좌식 경기였다. 선천적인 장애인이 아니라 건강한 정상인이었던 그는 대학 졸업식을 앞두고 이제 사회로 막 첫발을 디디려는 때인 27살 나이에 교통사고로 양다리를 잃었다. 한창 젊은 나이에 닥친 치명적 불행으로 어떤 심리적 좌절과 공황상태를 맞이했는지 겪어보지 않은 사람은 섣불리 이야기하기 어렵다.

그는 의식이 없는 상태에서 수술 후 며칠 뒤 깨어났을 때 자신의 양다리가 없어졌다는 것을 깨달았다. 그때의 충격이 어떠했을까. 그는 자신을 살려낸 의사와 어머니를 원망했다. 집에 처박혀 있으면서 나쁜 생각만을 계속했다. 3년간 마음을 다잡지 못하고 방황의 터널 속에 살았다. 그 사이 어머니 주선으로 베트남 여자를 만나 결혼했다. 결혼까지 했지만 그 당시의 생활은 가족 모두가 고통과 시련의 나날이었으리라.

신의현 씨는 운동을 만나면서 인생의 전환점을 맞았다. 긴 방황의 터널 끝에 지인의 소개로 운동을 시작하면서 삶에 대한 의욕을 갖게 되었고 시간이 흐르면서 가족에 대한 고마움을 깨닫게 됐다. 처음 접하게 된 운동은 휠체어 농구였다. 그러고는 슬레지 아이스하키까지 하게 됐다. 아이스하키에서는 국가대표이기는 했지만 후보선수에 머물렀다.

그러다 스키를 만났고 2015년도에 노르딕 스키에 본격적으로 뛰어들게 된다. 여기에서 스스로도 놀라울 정도로 발군의 실력을 드러내게 된다. 그는 스키를 하기 전에는 자신이 진정 스키에 재능이 있는지 몰랐었다고 고백한다. 그는 인터뷰에서 이런 이야기를 했다. "다른 종목 선수들에 비해 노르딕 스키 선수들은 게으르고 연습을 제대로 하지 않나 보다"라고 생각했다고 한다. 아이스하키를 할 때와 마찬가지의 노력으로 연습량을 소화했을 텐데 노르딕 스키 종목에서는 발군의 성적이 나오니 그런 생각이 들 만도 하다. 기존의 노르딕 스키 선수들이 연습과 노력을 태만히 했겠는가. 당연히 그렇지 않을 것이다. 똑같은 노력으로 신의현 선수는 앞으로 쉽게 가지는데 남들은 그렇지 못한 것이다. 그 전에 미처 깨닫지 못했던 스키 종목에 대한 재능이 물고기가 물을 만난 듯 제 세상을 만나 크게 도약하기 시작했다. 다른 선수와 같은 시간을 연습해도 기량의 향상속도가 눈에 띄게 앞서 나가는 것이다.

그의 경험은 나의 개인적인 신조와도 통한다. 해보기 전에는 그 누구도 모른다. 해봐야 안다. 그것도 제대로 해봐야 안다. 만일 그가 스키를 시도해보지 않았다면 어떻게 되었을까. 자신의 스키에 대한 잠재적

능력을 깨닫지 못하고 무난한 기량을 보이는 다른 종목에서 그저 그렇고 그런 선수로 있다가 은퇴했을 가능성이 높다. 인접해 있던 곳으로 한 걸음 더 가본 것이 개인적으로나 국가적으로 평창 패럴림픽에서 영광의 역사를 만드는 계기가 되었다.

내가 40대 중반에 네덜란드회사의 한국사업 대표로서 새롭게 경력을 시작할 때 그 이전까지 원래 가지고 있던 경력도 식품 분야였고 그 네덜란드 회사의 요구와 사업적 초점은 한국의 식품시장에서의 사업개발과 확대였다. 비식품 분야의 사업들도 일부 돌아가고는 있었지만 규모는 작았다. 기본적으로 식품시장은 역동적이거나 빠른 성장보다는 안정 지향 속성을 가진 시장이다. 게다가 네덜란드 회사의 제품도 우리나라 식품시장에서 이미 오래 사업을 해왔기 때문에 사업도 거의 포화 상태에 있었다. 본사에서 기대하는 성장세를 식품사업만으로는 이끌어내기가 현실적으로 어려웠다.

그 돌파구가 인접해 있던 산업과 시장이었다. 생활용품 시장, 동물사료 시장 등으로 한 걸음씩 더 넓혀나갔다. 이 분야는 내게 생소하고 경험해보지 못한 시장이었지만 본사로부터 동의와 협력을 이끌어내고, 역량 있는 대리점의 개발과 집중적인 마케팅 노력으로 성공적으로 확장해나갈 수 있었다. 이러한 생각과 의도는 사업적으로 아주 잘 맞아

떨어졌다. 그리고 기존 사업 중에 반도체 산업에 용제를 공급하는 사업이 있었다. 힘에 부치고 까다로운 사업이었다. 그 시장의 규모, 테크놀로지의 고차원적인 엄밀성, 기술 혁신의 속도 등 여러 가지 측면에서 기존의 여타 다른 산업과 시장에 비해 숨이 턱 막힐 정도로 버거움이 느껴지는 분야였다. 애초에 이 시장과 그 메커니즘에 문외한인 나는 고객들 입장에서는 말상대가 되지 않는 답답한 세일즈맨이었다.

그래서 배워나가기 시작했다. 그들과의 대화를 면밀하게 메모하고 의문 나는 것들은 관련 되는 분들을 찾아가 물어보기도 하고 공부하기 시작했다. 아주 세세한 지식까지는 알 수 없지만 크게 봐서 주요 골자를 이루는 기술적 지식을 이해하게 됐고 전체적인 맥락과 흐름을 알 수 있게 됐다. 이렇게 한 걸음 한 걸음 더 가다 보니 반도체를 넘어서 인접 사업인 LCD 사업까지 확장해나갔다. 반도체와 LCD 사업이 우리나라를 대표하는 산업이고 스케일이 다른 차원이다 보니 그 시장에 안착하고 나서는 네덜란드 회사의 한국사업도 괄목할 만하게 성장해나갔고 다른 나라에서 유례없는 성공사례를 만들었다.

여기서 '한 걸음 더'는 찔끔 내디뎠다 마는 게 아닌 의미 있는 시도, 단호한 시도를 얘기한다. 꼬리에 꼬리를 문 꼬리를 만들어야 한다. 새로운 문을 열고 나가면 거기서 그치지 않고 계속해서 새로운 문이 열린다.

운은 내딛는 '한 걸음 더'를 타고 온다

　　　　　　　　'성공'과 '운' 사이의 관계를 연구해 온 로버트 프랭크Robert H. Frank 미국 코넬대 경제학 교수는 "아무리 능력 위주로 돌아가는 조직이라도 사람이 성공하려면 운이 따라야만 가능하다"고 말한다. 더욱이 '뜻하지 않은 주변의 도움 같은 운이 따르지 않으면 성공할 수 없다'는 생각을 갖고 있는 사람이 '나는 실력이 뛰어나니 성공할 것'이라고 믿는 사람보다 성공 가능성이 더 높다는 것이다.

　그는 시뮬레이션을 통해 많은 사람이 경쟁에 참여했을 때 운의 역할이 커진다는 것을 보여주었다. 10만 명이 경쟁하여 한 명만이 우승하는 게임을 가정해서 시뮬레이션했다. 각 개인의 성과는 능력과 노력이 절대적 비중인 각각 49%, 그리고 운은 단지 2%만이 작용하여 결정된다고 가정한다. 각 개인의 능력과 노력, 운은 1부터 100사이의 숫자 중에서 무작위로 추출하여 결정한다. 각 개인의 성과에 미치는 운의 영향은 2%로 미미하지만, 수많은 사람들이 경쟁하면서 능력과 노력으로 좋은 점수를 받았더라도 최고점에 가까운 점수를 받은 사람이 워낙 많기 때문에 운이 좋지 않고는 최종승자가 될 수 없었다.

　여러 번 반복해서 나온 승자들 중의 78.1%는 능력과 노력의 합계 점수가 최고점이 아니었다. 운 점수가 아주 높았기 때문에 더 높은 노력과 능력 점수를 가진 사람을 이긴 것이다. 이러한 시뮬레이션은 경쟁자의 수가 많을 때는 실력만으로 성공하기 어렵다는 것을 보여준다. 물론 실력은 전혀 없이 운만 가지고 성공할 수는 없지만 아무리 실력이 좋아도 운이 따라주지 않으면 성공하기 어렵다는 것이다.

나도 젊었을 때는 실력을 키우고 노력만 한다면 무엇이든 성취하고 성공이란 열매를 딸 수 있을 거라 생각했다. 그러나 시간이 지나며 우여곡절을 겪고 다양한 경험을 하다 보니 세상일이라는 것이 반드시 의지와 노력으로만 되는 것이 아니라는 것을 깨닫는다. 주변에서 보면 남들보다 더 노력하고 집요하게 시도하는데도 일이 잘 풀리지 않는 사람들도 본다.

성공의 꼭지가 열리지 않을 때는 꼼짝도 않는다. 요지부동이다. 같은 세월을 경험하며 나름의 긴 연륜을 보낸 동년배들과도 이야기를 나눠보니, 경제적으로 크게 성공을 했던 아니던 지금의 모습에 운이란 놈이 절대적으로 작용했다는 것에는 모두 고개를 끄덕인다.

운이 좋은 사람의 전형을 딱 잘라 말하기는 어렵다. 어떻게 행동을 해야 운이 좋아진다는 절대적인 표현은 불가능하다. 단지 이런 성향의 사람이 운이 좋을 가능성이 높아진다는 경향치로 말할 수밖에 없다. 내 경험을 말하자면 평창동계올림픽 자원봉사를 하면서도 간단하지만 운이 좋아지는 경험을 했다.

평창동계올림픽에서 자원봉사를 하는 동안 근무지는 강릉 선수촌 플라자였다. 강릉 선수촌플라자는 선수촌 앞에 위치해 있고 은행, 우체국, 택배, 삼성전자 가상현실 체험관, 편의점, 세탁소, 미용실 등 선수들 편의시설이 모여 있는 곳이다. 나에게 배정된 일은 외국 선수와 외국 스태프들이 시설을 이용할 때 통역으로 소통을 도와주는 것이다. 주로 우체국과 꽃집에서 도와줄 일이 가장 많았다.

플라자에 배정된 자원봉사자가 총 19명이었는데 나만 빼고는 전부 20대 대학생들이었다. 플라자 시설 중에 외국 사람들로 가장 붐비는 곳이 우체국이다. 평창동계올림픽 기념 우표와 엽서는 인기 품목들이다. 그리고 많은 외국 선수와 스태프들이 엽서나 편지를 모국에 있는 자신들의 친지나 친구들에게 보내기 위해 자주 찾는 인기 장소다. 물론 스마트폰으로 SNS를 통해 쉽게 소식을 전할 수도 있을 텐데 그들은 여전히 아날로그적 취향과 감성이 풍부한 듯 보였다. 일일이 엽서에 손글씨를 담아서 정성스럽게 보냈다.

우체국에서 외국인들을 도와주다 보면 몇몇 외국 분들은 고맙다고 자국 경기 입장권을 선물로 주는 경우도 있고 자국의 배지를 기념으로 주기도 한다. 그들로부터 답례를 받는 게 대학생 자원봉사자들보다 아무래도 많은 편이다. 왜 그럴까. 이유는 분명히 있다.

대학생들에겐 없는 30년 이상의 사회 경험을 갖고 있다는 게 가장 큰 이유일 것이다. 게다가 경력 동안 쭈욱 영업을 해왔으니 더 논할 게 없으리라. 우체국을 방문하는 외국인들의 단순한 용건을 해결해주는 수준을 넘어서는 소통을 한다. "한국에서 머무는 동안 불편한 점은 없느냐?" "개회식에 직접 참여했는데 개회식에 대한 느낌은 어떠냐?" "어느 종목에서 뛰느냐?" 등등을 물어보기도 하면서 그들에게 한 걸음 더 다가가고 그들의 선전을 빌어주고 응원해주었다.

그럼 그들도 웃음으로 반응하며 대화의 꼬리를 이어가게 된다. 서로 더욱 친근해지고 말하기를 주저했던 요청사항이 있으면 이야기하게 된다. 꼬리에 꼬리를 무는 연결이 대화 중에 생기는 것이다. 내가 더 도와줄 수 있는 여지가 생기고 그들이 고마워할 가능성이 더 커진다. 이것이 그들과 가까워진 경위다. 그렇게 대단한 비결이 아니라 주어진 상황에서 한 걸음 더 가보는 것이었다.

'한 걸음 더'라는 말은 시쳇말로 '들이댄다'는 말의 의미와 같지 않을까 싶다. '들이댄다'라는 표현은 좀 더 노골적이고 상대의 반응을 개의치 않는 무례한 어감이 들어 있기도 하고 다소 그 상황을 희화화하는 표현이다. 모 예능 전문 연예인을 연상시키는 말이기도 한데 평상시 친구들과 대화 중에도 불쑥불쑥 던지는 마음 편한 유행어가 되어버렸다. 주로 이 말은 "이성에게 관심을 표하고 접근하다"라는 의미라고 한다. 이제는 이성 간에만 적용해서 사용하기보다는 일반적인 상황으로 확대해서 사용하기도 하는 것 같다. 실마리가 풀리지 않는 교착상태에서 뭔가 시도해보는 적극성을 의미하기도 한다.

예를 들어 토론 중에 뚜렷한 해답이 도출되지 않는 답답한 상황에서 시원스런 답은 아닐지라도 무언가 도전적으로 안(案)을 내보거나 어떤 일의 진행이 여의치 않은 상황에서 가만있기보다는 한 번 더 시도해본다는 의미가 내포되어 있다. 들이댄다는 표현은 '한 걸음 더'의 의미를 다소 투박하고 웃음을 유발하려는 예능적 표현이 아닐까 싶다.

사람들에게 꽤 인기도 높았고 출연자들의 노래 실력뿐 아니라 그들이 보이는 태도의 차이 이야기로 많이 회자되었던 방송 프로그램이 있었다. 작년 방송으로 끝난 SBS의 〈K팝스타〉 오디션 프로그램이다. 출연자들은 초등학생 정도의 어린 친구들부터 나이가 지긋한 성인들도 이었지만 10대 또는 20대의 연령층이 주를 이루고 있었다. 출신 지역은 국내에서만 자란 토종뿐만 아니라 전 세계 각지의 다양한 국가들이다. 외국에서 온 참가자들 중에는 미국에서 살고 있는 한국 교포인 친구들이 많았다.

방송 내내 보면서 출연자들 간에 확연히 느껴지는 차이가 있었다. 바로 국내에서 나고 자란 토종들과 외국에서 살다 온 교포 친구들 간의 무대에서의 제스처나 말을 통한 표현에서 크게 차이가 났다. 토종인 친구들은 말을 하는 데 매우 조심스럽거나 뭔가 표현의 한 걸음 한 걸음마다 억제가 되어 있다는 느낌을 받는 데 반해서 교포 친구들은 표현이 자연스럽다. 주저함 없이 속에 있는 말을 거침없이 해내고 그 몸짓에 스윅이 넘친다. 때로는 도발적인 표현도 하는데 섣불리 그렇게 하지 못하는 나의 시선으로는 재미있기까지 하다.

내가 어렸을 때의 우리나라 교육 풍토와 분위기는 지금보다도 더 수직적이고 강압적이었다. 수업시간에 질문을 하면 선생님이 답을 하다가도 도중에 건방지다거나 권위에 도전하는 것으로 꾸지람을 하기 일쑤였다. 그것에 길들여져서 지금 하는 행동이나 표현에도 조심하고 주저하는 기색이 강하게 배어 있다. 우리나라는 전통적으로 '한 걸음 더'의 의도를 제지하거나 이를 건방진 것으로 매도해왔다. 단지 '어른이 시키는 것만 잘하면 되지'라거나 주어진 상황에 순응하는 것을 덕목으로 가르쳐왔다. 지난 몇십 년 동안 빠른 경제적 성장을 통해 산업사회로 진입했고 선진국 대열에 막 들어서려는 지금도 이런 가치가 건재하다. 지금 젊은이들이 더욱 개방적이고 적극적인 표현 방식으로 바뀌었다고 하지만 여전히 뿌리 깊은 유교 전통과 과도한 집단주의의 영향에서 자유롭지 못하다. 남들을 의식하는 체면과 눈치 문화에서 헤어 나오지 못하고 있다.

봉사활동을 하나의 예로 들었지만 용건만 챙겨주고 말 그대로 '딱 거기까지만'으로 끝내면 그 다음으로 이어질 꼬리가 형성되지 않고 거기서 단절되고 만다. '한 걸음 더' 나아가 봐야 서로 감사하고 감사받을 일이 생기고, 같이 사진 찍을 일도 생기는 것이다.

'한 걸음 더' 전에 멈추어 서면 그 이후에 아무 일도 일어나지 않는다. 이제 됐어, 내가 할 수 있는 일은 여기까지야 하고 생각될 때 조금 더 가 보는 것이다. 그때 다음으로 이어지는 문이 열린다. 예상치 못한 일이 벌어지기도 한다. 일이 잘 풀리도록 운이 오게 하려면 우연성을 키워야 한다. 우연성을 증가시키기 위해서는 '한 걸음 더'가 필요하다.

말 그대로 생각지 못한 것을 우연히 발견하는 능력을 말하는 세렌디피티 효과가 이러한 우연성의 전형적인 예이다. 위궤양 치료제를 개발하려다 실수로 엉뚱한 것이 섞이게 되는 실수로 발견된 고강도 감미료인 뉴트라스위트Nutrasweet사의 아스파탐Aspartame, 포도상구균을 배양한 배지 접시의 뚜껑을 열어둔 채 퇴근하는 바람에 발견한 알렉산더 플레밍의 페니실린, 21세기 최대 의약품 비아그라마저도 고혈압 치료제 개발하려다 토끼 생식기를 충혈시킨다는 것을 우연히 발견해서 개발되었다. 이러한 위대한 의약품이나 감미료가 연구자를 둘러싼 우연성이 극대화되어 세계 과학사의 획을 긋는 발견이나 발명으로 이어진 것이다.

요즈음 방송에서 예능 대세의 한 축을 이루는 것이 리얼리티 프로그램이 아닌가 싶다. 약속된 연출이나 정해진 시나리오로 프로그램을 이끌어 가기보다는 예측불허의 상황에서 출연자들이 주변 사람이나 환경과 작용하며 벌어지는 에피소드로 콘텐츠가 만들어진다. 특급 PD로 한참 주가를 올리고 있는 나영석 PD의 〈삼시 세 끼〉〈윤식당〉 같은 프로그램이 그러한 대세를 반영하지 않나 싶다. 보통 사람들이 가보지 않은 국내외의 아름다운 곳에서 대본이나 연출 없이 우연에 기대어서 벌어지는 예측불허의 장면들과 낯선 곳에서 전개되는 소소한 즐거움에 빠져든다. 보는 내내 화면에서 벌어지는 장면에 쉽게 이입이 되어 "내가 저 곳에 가 있다면" 하고 상상의 나래를 펼치곤 한다. 나영석 PD 그룹에 소속된 어느 PD는 이렇게 말한다.

"정해진 틀 없이 낯선 상황을 열어놓는 것이 불안하지만 그로 인해 진짜 드라마가 얻어진다."

그리고 윤현준 PD의 JTBC 〈한 끼 줍쇼〉라는 프로그램은 보다 더 우연성의 성격이 강하지 않나 싶다. 사전 약속과 방향 없이 동네만 정해 놓고 가지는 대로 집집마다 초인종을 눌러 '함께 식사'를 제안하고 타진하는 리얼리티 프로그램이다. 발상 자체가 조금 무모하고 느닷없다고 할 수도 있지만 어느 집에서 수락을 해줄지 기대감과 실패할 때의 실망감이 교차하며 아쉬워하기도 하고 허락을 받을 때의 아슬아슬함과 재미로 웃음 짓기도 한다. 허락하는 집으로 들어가는 순간, 전혀 예측불허의 각 가정마다 혹은 혼자 사는 사람들은 혼자 사는 사람대로 그들의 세상이 열린다. 각양각색으로 사는 보통 사람들 민낯의 삶을 보는 게 아주 흥미롭다.

보통의 방송 프로그램들은 물론 중간 중간에 애드립이나 예정되지 않은 장면들도 포함되겠지만 큰 틀에서 보면 사전에 준비된 시나리오나 대본에 의해 진행될 것이다. 스튜디오에 연예인들이 패널로 나와 진행하는 예능 프로그램들은 사전에 약속된 연출과 대본에 의해 잘 짜인 직조물처럼 내용이 전개된다.

그러나 〈한 끼 줍쇼〉와 같은 리얼리티 예능 프로그램은 물론 모든 촬영이 끝난 후에 편집을 통해 PD들의 의도가 반영이 되겠지만 그 바탕은 어떤 일이 벌어질지 모르는 우연성에 전적으로 의존한다. 그 우연성이 시청자들에게 더욱 흥미를 유발하고 높은 시청률로 이어진다. 결국 운이 좋아진 게 아닐까.

한 걸음 먼저 다가서라

얼마 전 이웃 블로거의 글을 보면서 미소가 지어졌다. 아침 출근길에 갑자기 소나기가 쏟아졌다고 한다. 우산을 준비하지 못한 젊은 여자 분이 뛰어가기에 같이 쓰고 가자고 작은 친절을 베푸셨다고 한다. 그 여자 분이 지하철역까지 연신 감사에 감사를 표하더란다. 친절을 베푸신 그분도 기분 좋게 하루를 시작하셨다고 한다.

갑자기 소나기가 내린 상황에서 옆에 걸어가던 분에게 같이 쓰고 가자고 말을 거는 것은 작은 결심이지만 먼저 다가감으로써 두 사람 모두에게 얼마나 행복한 아침의 출발을 열게 되었는가. 특히 집에서 출근을 위해 정성 들여 아침 단장을 하고 나왔을 여자 분에게 갑자기 소나기를 맞는 것은 당황스런 일이었을 텐데 모면하고 싶은 상황을 피할 수 있었으니 얼마나 감사했겠나. 우리나라 사람들은 서로 안면이 있거나 알고 있는 사람들에게는 쉽게 웃으며 다가가서 인사를 하거나 친절을 베풀지만 모르는 사람들에게는 원수진 듯 아주 냉랭하다.

선진국 진입을 목전에 두고 있고 OECD 회원국의 위상으로 발전했음에도 불구하고 뿌리 깊은 유교 문화 전통이 사람을 대하는 데 있어서도 드러나고 있다. 구체적인 인간관계 속에 있는 사람들에게는 친절하고 살갑게 대하면서도 전혀 관계가 없는 모르는 사람들에게는 차갑게 반응하고 눈길도 주지 않는다.

이제 세계가 하나로 연결되는 네트워크 시대에 우리나라도 이제 서로 알든 모르든 사람 사이에 감성과 배려가 흐르는 사회로 발돋움했으면 좋겠다는 바람을 갖는다. 이런 친절까지는 아니어도 살고 있는 아파트 엘리베이터에서 서로 오르내리면서 먼저 인사를 건네며 다가가는 것은 인사를 주고받는 이웃 간에 좋은 영향을 주고받으며 행복감을 불러일으키리라.

먼저 다가가는 배려는 아직 습관과 문화가 되어 있지 않아서 어색할지 모르지만 일단 해보면 나부터 행복해지고 상대도 기분 좋아진다. 지금까지의 나의 경험으로는 이런 기분 좋은 한 걸음은 단지 거기에서 그치지 않고 그 주변으로 확산되고 연쇄반응을 일으킨다. 그로 인해 아파트 동 전체가 밝아지고 행복해질 수 있다.

서광원의 책『사장의 자격: 대한민국 사장들이 가슴에 새겨야 할 경영의 원칙』에서 '한 걸음 더'의 예를 다음과 같이 들고 있다. 한 카메라 가게에서 판매전문가에게 컨설팅을 의뢰했다. 입지도 좋고 다 좋은데 매출이 오르지 않아 고민이었다.

판매전문가가 현장에 가서 보니 다른 것은 다 좋은데 눈에 거슬리는 한 가지를 발견했다. 고객들이 이것저것 묻는데도 직원들이 진열대 뒤에 자신이 서 있는 자리에서 꼼짝 않고 응대하고 있었던 것이다. 그는 직원들에게 30센티미터만 앞으로 나와 더 친밀감 있게 고객과 소통하고 같이 카메라를 보면서 맞장구를 쳐주라고 조언했다. 다른 조언은 없었다. 그런데 그 다음 날 그 가게의 매출이 두 배가 올랐다. 고객에게 한 걸음 더 다가선 것이 바로 효과를 본 것이다.

고대 그리스에서 아테네와 패권을 다투던 스파르타에서 있었던 일이다. 어느 날 전투에서 돌아온 아들이 아버지에게 불만을 터트렸다. "에이, 제 칼이 조금만 더 길었더라면 좋았을 텐데…… 칼이 짧아 적을 제대로 찌를 수가 없었어요." 아버지는 간단하게 답했다. "그래? 그러면 한 발 더 다가가 찔러봐라! 그러면 된다."

주어진 도구나 인프라 탓만 할 게 아니라 한 걸음 더 다가서게 되면 그 상황에 대한 그립Grip이 좋아지고 장악력이 강화된다. 도구를 이용해서 하는 운동경기, 즉 골프 같은 운동에서 사람들은 경기가 잘 안 풀리거나 샷이 잘 안 맞으면 장비 탓을 하는 경우가 많다. 물론 장비의 중요성도 있지만 그 장비가 제 몫을 다하려면 먼저 몸의 움직임과 자세가 뒷받침이 되어야 함은 불문가지의 사실이다. 무엇보다 공에 조금 더 다가서 보면 어떨까.

재작년 봄에 모 대기업 임원 분으로부터 전화를 받았다. 사내의 행사에 강의를 부탁하시는 것이다. 책을 낸지가 얼마 되지 않아서 강의 기회가 많지 않을 때였는데 나로서는 무척 반가운 전화였다.

내가 네덜란드계 회사 한국 대표로 일할 때 그 임원 분과는 몇 번의 미팅을 한 적이 있었다. 서로 좋은 인상을 갖고 있기는 했지만 단지 미팅만 가졌을 뿐 더 이상 일이 진전되지 않아 명함만 보관하고 있을 정도의 관계였다. 책을 출판하고 나서 지인들의 명단을 작성해서 출판 사실을 문자 또는 전화 통화로 알려드렸다. 그 임원 분은 그 명단에 포함되어 있지 않을 정도로 내 머리 속에는 좀 먼 사람으로 각인되어 있었나 보다. 그러다 나중에 불현듯 이분 생각이 났을 때 굳이 이분께 알려드릴 필요가 있을까 주저했지만 일단 생각이 났으니 하지 않는 것보다 하는 게 낫다는 생각으로 문자를 드렸다. 큰 기대 없이 단지 알려드리기만 하자는 생각으로 문자를 드린 건데 가까운 사람도 잘 읽지 않는 내 책을 일부러 사서 읽고 내용이 좋다며 직접 전화로 강의 요청을 해온 것이다.

재작년 봄에 그 기업의 행사에 참여해서 200명가량의 연구원 분들 앞에서 한 시간 강의를 기분 좋게 할 수 있었다. 강의가 끝나고 그분도 아주 흡족해 하시며 강의에 대한 평가를 좋게 해주셔서 아주 행복한 시간이었다. 앞으로도 그 기업에서 다시 강의의 기회가 있지 않을까 기대를 하고 있다. 그분에게 '한 걸음 더' 내딛지 않았으면 어쩔 뻔했나. 나로서는 아주 좋은 강의의 기회를 갖게 되었고 나름 강의에 대한 자신감을 갖게 된 중요한 계기였다. 어느 책에서 다음의 구절을 읽었는데 시사하는 바가 컸다. "신에게 한 걸음 다가서면 신은 당신에게 열 걸음 다가설 것이다." '딱 거기까지만'을 넘어서야 한다. 그래야 창의성과 추가적인 연결을 만들어낼 수 있다. 생각이 꼬리에 꼬리를 문다고 표현한다. 그 꼬리가 여기서 말하는 '한 걸음 더'의 의미다. '한 걸음 더'는 연결을 낳고 맥락을 낳는다. 남들보다 '한 걸음 더'를 주저 없이 내딛는 사람은 호기심이 왕성한 사람이 아닐까 싶다.

왕성한 지적 호기심으로 나를 환기시켜 준 사람을 만났었는데 작년 4월 말 남북정상회담으로 온 세계의 이목이 우리나라에 집중되었을 때였다. 그때 일산 킨텍스에서 나라장터 엑스포가 열렸는데 지인의 소개로 우연히 이틀 동안 그곳에서 통역 일을 하게 되었다. 엑스포가 열리는 전시장 이웃 홀에는 당시 진행되고 있는 남북정상회담 취재를 위한 프레스 센터가 마련되어 전 세계에서 몰려온 각국의 기자들로 북새통을 이루고 있었다.

내가 이틀 동안 담당한 바이어가 있었는데 인도네시아에서 온 새니 수할리Sanny Suharli라는 분이었다. 그는 인도네시아에서 큰 기업을 운영하는 회장이었고 35년 전에 창업을 해서 지금까지 이어온 전형적인 자수성가 사업가였다. 성공한 백만장자로, 그의 주력사업은 보안, 건강, 전자제품 분야였다.

첫 날은 전시장 한편에 마련된 수출 상담 부스에서 쉼 없이 한국 업체들과 미팅을 하는 데 통역으로서 그를 돕는 역할이었다. 상담했던 여러 한국 업체들 중에 다행히도 한 업체가 그가 진행하는 프로젝트와 맞아떨어져 향후 협력을 강화해 나가기로 했다. 그 다음 날 다시 만나 꽤 큰 금액의 MOU를 체결했고 조촐하나마 기념식도 가졌다.

둘째 날은 그와 함께 MOU를 체결하고 전시장에 전시하고 있는 다양한 업체들의 부스를 둘러봤다. 이틀 동안 수할리 씨와 다니면서 그의 엄청난 지적 호기심에 깊은 인상을 받았다. 나이가 68세인데 5G 등의 첨단 기술에 대한 관심이 많고 배우려고 하는 의지가 남달랐다. 전시되어 있는 부스에 들러 담당 기술자와 상담을 하는데 갖고 있는 지식량과 호기심의 열의에 매우 놀랐다.

지금 그 나이면 대개 은퇴해서 유유자적한 삶을 즐기고 있을 것 같은데 그는 여전히 새로운 것에 대한 관심이 많고 배우는 것이 즐겁다고 한다. 그는 즐기는 중이라고 한다. 그는 아무래도 '한 걸음 더'의 철학이 몸과 내면에 철저히 체화된 사람이 아닌가 싶다.

그는 부모님에게 물려받은 것이 없다고 했다. 그의 부모님은 일반적인 소시민이었다고 했다. 젊은 시절부터 타고난 왕성한 호기심과 추진력으로 쉬운 환경은 아니었지만, 계속 공부해서 박사학위를 취득했고 30대에 사업을 시작해 지난 35년에 걸쳐 성공적인 기업을 일구어냈다. 지금도 이미 축적해놓은 부의 크기나 사업의 규모와는 상관없이 세상이 어디로 가고 있는지에 대해 열린 사고로 공부하고 새로운 사업기회를 찾아 '한 걸음 더'를 시현하고 있다.

그런가 하면 수할리 씨와 같이 있으면서 만났던 한국 업체들 가운데 아주 인상적이었던 한 분이 계셨다. 모 업체의 부사장 직함을 가지신 분으로 이미 연세가 일흔이 가까워 보이시는 분이었는데, 그 회사는 도우미 안마기를 제조하는 회사였다. 상담 중에 제품 설명을 듣고 있던 수할리 씨는 워낙 안마의자나 안마기를 생산하는 업체들이 많다 보니 관심도가 좀 떨어진 것 같았다.

그러자 그 부사장님은 자신의 제품인 안마기를 바로 옆에 펼쳐놓더니 수할리 씨를 눕게 하고 안마기의 기능과 효능을 직접 느끼게 하는 것이 아닌가. 그 부사장님은 이미 상담 부스에 들어오실 때 짐 운반 캐리어에 시현을 할 수 있는 의자와 안마기 제품을 끌고 오신 것이다. 그러고는 수할리 씨의 자세를 달리하게 하면서 여러 자세에서 각각의 몸 부위를 어떻게 효과적으로 자극을 주고 풀어주는지 일일이 시현을 해주셨다.

수할리 씨의 눈이 번쩍 뜨였다. '이거 괜찮은데'라는 생각이 들었나 보다. 그를 직접 체험하게 해줌으로써 일반적으로 생각하는 그런 종류의 안마기가 아니라는 것을 보여준 것이다. 그러고는 다시 상담 테이블에 자리를 잡고 앉아 좀 더 진전된 화제로 이야기를 진행한다. 물론 서로 다른 견해 차이로 결론을 보지 못한 채 헤어졌지만 그 부사장님의 투박하지만 진지한 열정에 깊은 인상을 받았다. 사람들은 이쯤은 안마기를 제조 홍보하시는 분이라면 누구나 이 정도의 적극성을 갖고 가능 고객이 직접 체험할 수 있도록 시도를 할 거라고 이야기할지도 모른다. 그런데 거기서 끝난 게 아니다. 그 이후에도 틈이 날 때면 새로운 참고 자료를 갖고 오셔서 수할리 씨를 설득해나간다.

이틀의 일정이 끝나고, 나는 수할리 씨와 작별 인사를 하고 헤어져서 라운지에 앉아 그날 일정들을 정리하고 있는데 조금 후, 머리를 들었더니 수할리 씨가 저쪽 라운지에 누군가와 앉아 있는 게 아닌가. 아마 전시장을 떠나려다가 그 부사장님을 우연히 만나 다시 좀 더 상의를 하게 된 것 같다. 그 끈기 있게 들이대시는 모습에 웃음이 절로 나왔다.

그로부터 한두 시간 뒤 우연히 그 부사장님과 마주치게 되었다. 인사를 드리며 이번 전시행사에서 성과가 좋으셨냐 물으니 환하게 웃으시며 말씀하신다. 샘플을 요청하면서 지속적으로 소통하자는 업체가 여럿 생겨 만족하신다고 한다.

무언가 성과를 내고 운을 가져오려면 멋지게 폼 잡고 앉아서 정해진 용건만 그럴듯하게 이야기한다고 되는 게 아니다. 가만있는 것보다 무엇이라도 해보는 게 낫다고 생각될 때 또는 아직 무언가 미진하다고 생각될 때는 한 걸음씩 더 가보는 것이다. 설사 일이 결실을 맺지 못할지라도 최소한 상대방에게 나를 깊게 인식시켜 줄 수 있거나 나에 대해 다시 생각해볼 기회를 갖게 한다. 그것이 다음에 어떻게 꼬리에 꼬리를 물지는 아무도 모른다.

아주 오래 전, 모 회사를 다닐 때 대화를 나누다 보면 불편한 회사 동료가 있었다. 그 사람은 거의 모든 화제에 대해 "그건 뻔해. 척 들으면 다 알아"란 소리를 입에 달고 다녔다. 본인이 워낙 똑똑하기 때문에 몇 마디 말만 들으면 세상만사 다 알겠다는 식의 얘기인 것이다. 그런데 한두 번도 아니고 자주 들으면 무척 짜증을 유발하는 말이었다.

뻔하다는 건 매우 오만한 단어이고 희망이나 기대할 게 없다는 이야기다. 부정적인 뉘앙스가 강한 단어다. '뻔하게 잘 될 수 있어'라는 의미보다 '안 될 게 뻔해' '보나 마나야'라는 부정적인 표현으로 쓰이는 경우가 많다. 그 사람은 스스로를 세상사 초월해서 살아가는 사람으로 치부할지 모르지만 결코 그럴 수가 없다. 단지 게으른 사람에 불과한 사람일 가능성이 높다.

어느 한 지인이 과거에 농구 국가대표 감독이었던 방열감독에게서 들은 이야기를 해주었다.

"농구에서 리바운드를 제일 잘하는 선수는 누구일까? 키 큰 선수일까? 점프력이 뛰어난 선수일까?"

"상대가 쏜 슛이 안 들어갈 거라 생각하고 끝까지 따라붙는 선수다."

은퇴 이후에도 '한 걸음 더'가 있다

현대를 살아가면서 과거와는 다르게 신중하게 생각해야 할 것이 늘었다. 늘어난 인생의 길이, 즉 늘어난 수명을 살아야 하는데 특히 길어진 노년의 삶을 사람들이 어떻게 살아야 할지의 문제이다. 축복이라기보다는 각 개인에게 문제일 수도 큰 부담일 수도 있다. 직장에서 은퇴했다고 해서 단순히 뒷방 늙은이로 전락해서는 그 길어진 세월을 무료하게 보내다가, 살아 있어도 살아 있지 못하는 무기력한 삶을 살다가 이승을 떠날 수는 없다. 이것은 국가적으로도 손실이고 개인인 당사자에게도 행복하지 못한 암울한 삶이 될 것이다.

은퇴를 했다고는 하지만 아직 육체적으로 움직이고 걷는 데는 아무 문제가 없고, 기민하지 못하고 속도는 떨어지지만 집중력이 있는 두뇌 활동이 가능하다. 그럼에도 불구하고 골프나 등산 등의 여가로만 시간을 보내기에는 채워지지 않는 내적 공간이 너무 크다. 이후의 삶에도 마찬가지로 '한 걸음 더'의 개념을 가져야 한다.

은퇴 후의 '한 걸음 더'라는 말은 그때까지 견지해온 삶의 방식과 속도를 유지하고 연장하라는 의미가 아니다. 직장 또는 자신의 일터에서 생존을 위해 거의 개인의 모든 것을 쏟아붓고 가족들의 부양을 위해 아등바등 살아왔던 경제적 욕구 우선순위의 삶이 어느 순간 더 이상 가능하지도 않다. 인생살이의 시간대에 따라 가능한 것이 있고 가능하지 않은 것도 있다. 그것에 대한 미련을 갖고 있을수록 정신건강에 좋지도 않고 자칫 우울증에 빠질 수도 있다.

어떤 분들은 은퇴 이후에도 '한 걸음 더'의 개념으로 무언가를 더 해야 한다는 말에 짜증을 내시는 분들이 있을지 모르겠다. 은퇴 이후에는 그동안 열심히 일해서 벌어 모은 돈으로 여행도 다니면서 취미활동으로 시간을 보내는 여유로운 노년의 삶을 꿈꾸는 분들도 있을 것이다. 맞는 말이다. 그러나 골프도 일주일에 한두 번이고 여행도 어쩌다 떠나는 여행이 즐겁고 휘파람 소리에 들떠 하는 것이다. 매일매일 골프 치며 여행 다니는 삶도 어딘가 허전하다. 즐거운 것도 어느 정도를 지나치면 고통스러워진다.

바버라 브래들리 해거티의 책『인생의 재발견』에서는 중년이라는 인생의 시기는 자동차로 말하면 시동이 꺼지는 시기가 아니라 기어를 바꾸기 위해 잠시 멈칫할 뿐이라고 표현했다. 너무 적절한 비유라는 생각이다. 스스로 한계에 이르렀다고 자동차 시동을 끌 것인가, 아니면 변화가 가능하다고 믿고 기어를 바꿔서 앞으로 나아갈 것인가?

기어를 바꿔서, 지금까지 살아보지 못한 다른 삶의 모드로 조정해 다시 한 걸음 한 걸음 앞으로 나아가는 시기여야 한다. 은퇴 전까지 오로지 앞만 보고 고속기어를 넣고 질주하는 삶을 살았다면 은퇴 이후에는 그 동안의 치열한 삶으로 가려져 있던 자신만의 가치를 찾아 실현하는 삶으로 전환해야 시기이다.

그렇다고 아무 변화나 다 좋다는 것은 아니다. 전면적인 변화가 아니라 현실에 기반한 변화여야 한다. 지난 경력을 통해 자신이 구축한 자산과 경험에 기초하여야 한다. 그리고 자신의 내면에는 좀처럼 변하지 않는 재능, 기질과 성격이 있다. 자신만의 재능, 기질과 성격의 경계 안에서 변화를 모색해야 한다. 이제는 자신을 위해 축적하는 게 아니라 시간과 에너지와 재능을 기부하는 것이다. 중년의 시기는 이 멋진 날들을 어떻게 의미 있게 보낼 수 있을까에 대해 생각하기 시작하는 때이다.

7장

나를
살리는
한 공간

무기력증에 빠지는 고민

재작년에 오른쪽 어깨 인대 손상이 심해 병원에서 수술을 받았다. 수술을 받은 후 일정기간 깁스를 하고 다녀야 했다. 다시 뼈에 이어 붙인 인대가 고정이 될 때까지 팔과 어깨의 움직임을 자제하고 외부의 충격으로부터 보호하기 위해서다. 그러는 사이 어깨와 겨드랑이 주변의 근육이 뭉쳐지고 굳게 된다. 뭉쳐지고 굳은 근육을 풀고 어깨의 원활한 동작을 회복하기 위해 재활치료를 해야 한다.

재활치료를 위해 한동안 병원에 다녀야 했는데 병원에 갈 때마다 운동치료의 도움을 주는 트레이너와 함께 한 시간 반 정도 시간을 보낸다. 치료 도중 서로 이런 저런 이야기도 하게 되고 시간이 지나니 어느 정도 친해지게 된다. 어느 날 병원에 가서 재활치료실에 들어서자 운동치료 트레이너가 책 『담담하게 걷고 뜨겁게 뛰어라』를 내 앞으로 내밀었다. 내가 쓴 책에 대해 이야기해준 적이 있었는데 그 사이 책을 주문해서 받았다고 한다. 내가 쓴 책을 다른 누군가의 손에서 만날 때가 너무 반갑고 기쁘기 그지없다. 정성스럽게 이름과 함께 책에 사인했다.

그날도 운동치료 중에 트레이너 분이 말을 걸어왔다. 책의 제목처럼 담담하게 사는 것이 쉽지 않다고 이야기 하면서 대기업에서 일하는 자신의 친구들의 근황을 얘기했다. 입사 초기에는 아주 의욕적이었고 세상을 다 가진 것처럼 눈빛이 반짝였던 친구들이 30대를 넘어서고 직급을 달기 시작하더니 달라졌다고 한다. 그 친구들이 급격하게 말이 없어졌고, 그렇게 좋아하던 친구들끼리의 모임 약속도 귀찮아하고 주말이면 그냥 집에서 쉬겠다면서 무기력한 반응을 보인다고 했다.

무기력해졌다는 말이 과연 무슨 말일까? 떠오른 단어들이 '지쳤다' '진이 빠졌다' 등의 표현이다. 반응이 활발하고 격렬했던 기제가 무너지고 아무리 좋아하던 것을 디밀고 보여주어도 리액션이 없는 무덤덤한 상태가 아닌가 싶다. 회사에서 퇴근을 하고 벗어나는 순간 급격하게 풍선에서 바람 빠지듯이 너덜너덜해진다. 단지 빨리 집에 돌아가 너덜너덜해진 심신을 누이고 싶은 마음뿐이다. 다른 물리적 심적 공간을 생각할 겨를이 없다. 물이 흐르고 바람이 숲을 살랑이며 어루만지던 살갑고 촉촉한 풍경에서 물이 말라버리고 바람이 멈춘 듯한 황량한 사막의 풍경이 되어버렸다. 마음이라는 풍경에 감성의 물줄기가 말라버리고 오감이 섞이며 만들어내는 바람이 멈춰버렸다.

마치 새로운 세계와도 같았던 대기업에 대한 초기의 기분 좋은 기대감이 3~5년 지나면서 감당할 수 없을 정도의 폭주하는 업무량과 점점 늘어나는 사람들과의 갈등, 그에 따른 스트레스에 짓눌리며 압도당하게 된 것이다. 매일 반복되는 과중한 업무에도 불구하고 자신이 성과를 내고 있다는 느낌을 갖기도 어렵다.

게다가 낮은 연차의 직장인들은 자신이 느끼는 압박이나 무게감을 밖으로 표출하기 어렵다. 이제 직장생활이 시작인데 앞서가는 직장 선배와 상사들의 모습을 보면 앞날이 아득하다고 느껴진다. 그런데 이런 무기력증이 직장 초년병들이나 신참에게만 나타나는 것은 아니다. 점점 경력이 쌓여 위로 올라갈수록 더 심각해지기도 한다.

그동안 모 기관이나 언론에서 직장인들을 대상으로 설문조사를 해보면 무기력증의 원인은 과도한 업무, 적응하기 어려운 조직문화, 그리고 상사와의 관계와 같은 대인관계 등이 있지만 가장 힘들어하는 요인은 대인관계라고 한다. 나도 31년 경력 중의 대부분을 직장생활을 했고 다섯 군데의 다른 직장에서 근무해봤지만 이러한 조사결과에 동의한다.

야근을 해야 하는 등 일이 많은 것은 개인적으로 큰 문제가 되지 않았다. 그러나 인간관계, 특히 직속 상사와의 관계가 가장 쉽지 않다. 모든 상사가 그런 것은 아니지만 모 회사에서 근무할 때 유독 어느 상사 분의 밑에서 일하는데 나오는 한숨이 끊이질 않았다. 상황이 불리하면 지위를 이용한 권위를 내세우고 결정을 내려야 할 때면 결정을 계속 미루고 설령 결정을 내리더라도 그 판단이 불합리하고 공정하지 않은 속보이는 판단인 경우가 많았다. 그 상사 아래서 일을 하다가는 미래가 없겠다는 생각이 들었다. 결국 그 회사를 그만두는 이유 중의 하나가 되기도 했다.

그렇다고 내가 무기력증에 빠졌다는 이야기는 아니다. 그 당시는 지금과 비교해서 물론 회사마다 차이는 있겠지만 업무량에 치여 숨도 못 쉴 정도는 아니었다. 직원 개개인에 대한 업무량이 과중해지고 회사 안의 경쟁이 더욱 치열지기 시작한 것은 1990년대 말의 IMF 외환위기 이후 본격화된 것으로 보인다. 덩치 키우기에 급급하다가 부실의 후유증에 크게 데인 회사들은 이후부터 효율과 수익성을 최우선 순위에 두기 시작했다. 그 덕에 우리나라 대기업들은 세계적인 기업으로 부상했지만 그에 못지않게 직장인들은 슈퍼맨 같은 삶을 살아야 했다. 가정과 개인적인 삶은 뒷전으로 밀렸고 거의 모든 것을 내던지다시피 해야 했다.

게다가 구조조정과 권고사직은 일상이 되어버렸으니 직장인들의 생존을 위한 스트레스와 압박은 계속 쫓아다닌다. 직장인들이 무기력증과 같은 정신적인 문제로 병원을 찾는 경우가 많아질 수밖에 없다. 그들을 상담하고 진단하는 정신의학과 의사들에 따르면 직장인이 무기력증에 빠질 위험이 가장 높은 시기는 입사한 지 6~9년 되는 과장 직급 때라고 한다.

과장급부터 동료들 간에 경쟁이 더 치열해지고 성과에 대한 평가가 더욱 엄격해진다. 앞서 나가지 않으면 뒤쳐지기 시작하고 결국 도태되고 말 거라는 우려와 위기감 때문에 좌불안석이고 조바심이 난다. 그리고 그 시기를 지나서 끝없이 일로만 몇십 년을 살아오며 몸의 기력을 소진해온 부장이나 임원들도 밖으로는 드러내지 않지만 마찬가지로 무기력증을 가진 분들이 많다.

이런 무기력증을 겪는 사람은 비단 직장인 같은 평범한 사람들뿐만이 아닌 것 같다. 작년 봄에 기사를 보던 중에 프로레슬링 선수이면서 할리우드 액션 스타이기도 한 드웨인 존슨Dwayne Johnson이 우울증에 시달리고 있다는 소식을 접하고 놀라기도 했다. 그 모 매체와의 인터뷰에서 "나의 투쟁과 고통은 현실이다"라며 "나는 황폐하고 우울하다"라고 밝혔다. 드웨인 존슨 하면 프로레슬링WWE 세계에서 오래전에 이미 대체 불가한 선수로 성공을 했고 할리우드에 진출해서 액션배우로도 이름을 날리고 있는 스타이기도 하다. 그는 자신의 커리어에서 대단한 성공을 거둔 것뿐 아니라 일반사람들이 범접하지 못할 피지컬과 외모를 가지고 있다. 196센티미터의 키에 118킬로그램의 체중으로 거구이면서 온몸이 근육질인 절대 카리스마의 소유자다. 그런 그가 우울증에 시달린다는 게 의아할 수밖에 없었다. 이어서 그는 "내가 이 일을 하고 싶지 않거나 아무 데도 가고 싶지 않은 지점에 도달했었다"며 "속으로 끊임없이 울고 있었다"고 털어놨다.

국내외를 막론하고 우울증, 공황장애를 겪고 있는 유명인과 스타들 이름이 자주 매체에 거론되는 것을 본다. 보통 사람들이 부러워하는 부, 명예와 인기를 누리고 있는 그들이 겉만 봐서는 알아채기 어려운 내면의 어두운 그림자를 가지고 있다는 것을 보면, 누구나 자신이 현재 서 있는 상황과 여건에서 버거워하는 구석을 갖고 있는 것은 공통적인 것이 아닌가라는 생각이 든다.

삶에 포위당하지 않기

에리히 프롬은 그의 책에서 다음과 같이 그 이유를 집어낸다. "당신이 무기력한 이유는 '남이 바라는 나'로 살고 있기 때문이다."

다시 직장인 이야기로 돌아가서 에리히 프롬이 이야기하듯이 남이 바라는 나로 살지 않기 위해 다니던 회사를 그만둬야 할까? 현실적으로 그리 간단한 문제가 아니다. 에리히 프롬의 명제 따라 남이 바라는 나로 살지 말라고 조언을 따르기에는, 먼저 살아갈 경제적 지지대를 만들어야 하는 현실을 무시하기 어렵다.

친구들 가운데 자식이 그 어렵다는 대기업에 들어갔음에도 한 3년 정도 다니다가는 힘들어서 도저히 못 다니겠다고 하는 통에 달래고 얼르느라 애를 먹었다는 친구들 얘기를 듣기도 한다. 처음 회사에 들어가서는 3년이 고비라고 한다. 그 법칙은 예나 지금이나 변함이 없는 듯하다.

회사는 그 자체의 존재 목적뿐 아니라 그를 구성하는 구성원들 또한 경제적 욕구로 집합되어 있는 조직이다. 회사라는 조직을 처음 경험하게 되는 신입사원은 아무래도 새롭게 경험하는 조직생활이 낯설 수밖에 없다. 그 이전의 생활은 가정에서 부모님이 챙겨주고 돌봐주는 생활이었고 학교라는 울타리 안에서 공부를 해야 한다는 명목으로 보호가 전제된 삶이었다. 그러나 회사라는 조직 안에서는 회사의 구성원으로서 역할을 부여받아, 주어진 일을 해야 하고 성과를 내야 한다. 그에 따른 월급이라는 경제적 보상을 받지만 또한 일에 대한 평가도 엄격하게 받는다. 이제부터는 부모가 도와줄 수도 개입할 수도 없는 영역이고 오롯이 혼자만이 감당해야 하는 독립적이고도 치열한 삶의 운동장이니 그 부대낌과 갈등으로 고비가 오는 것은 당연한 것이다.

회사생활을 하면서 이러한 무기력증 또는 슬럼프는 누구나 겪게 되는 통과의례 같은 것이리라. 갈수록 경쟁이 치열해지는 산업사회는 회사 또는 조직을 넘어서 개인들에게도 존립과 생존을 위해 과도한 자기소모가 따라올 수밖에 없다. 회사와 조직의 성장치와 목표가 개인을 압도하게 되고 자기 자신은 점점 없어지고 소멸되어가는 느낌을 갖게 되는 것이다.

직장인들은 회사에서는 톱니바퀴들이 맞물려 돌아가는 거대한 기계 속에서 충실한 부속품의 역할로서 살아갈 수밖에 없다. 회사에서 본연의 나, 즉 자아自我라는 기둥이 설 자리가 없다. 엄밀히 말해서 회사는 자아를 실현하고 키우는 장소가 아니다. 자아가 강하면 강할수록 회사생활은 더욱 힘들어진다. 회사의 시스템, 문화와 이미 회사형 인간으로 진화된 상사들과 충돌과 갈등이 생길 수밖에 없다. 그 충돌과 갈등이 더 잦아진다면 스트레스로 힘들어질 수밖에 없다.

그렇다면 어떻게 해야 할까? 자기 자신을 그대로 방치하면 안 될 것이다. 무엇이든 그러한 상황을 타개하고 개선할 시도를 해야 한다. 그렇다고 회사를 그만두어야 할까? 물론 그것도 하나의 선택지가 된다. 세상살이에 정답은 없다. 입사해서 몇 년이라는 시간이 지났음에도 불구하고 직장생활에 적응이나 접점이 찾아지지 않고 직장생활의 연명이 의미가 없다고 판단된다면 결단을 내려야 한다고 생각한다. 자신이 항상 마음속에 강렬하게 품고 있었던 그 무엇이 있다면, 자신의 내면과 영혼이 부르는 일로의 전환을 추구하는 것이다.

비유하자면 세상살이에는 인생의 지도를 따라 삶을 사는 방법도 있지만 마음속 내면의 나침반이 가리키는 방향으로 삶을 추구하는 방법도 있다. 지도에는 목적지가 나타나 있고 그 목적지에 이르는 길이 드러나 있다. 그 길을 따라 가면 목적지에 다다를 수 있다는 어느 정도 예측 가능한 삶을 살아갈 수 있다.

그러나 나침반은 길을 보여주지 않는다. 방향만을 제시해준다. 지도는 위험을 줄이고 많은 것을 드러내지만 나침반은 많은 것이 감춰져 있다. 그것이 던져주는 불안감과 불확실성이 있다. 그러나 정말 가야 할 곳을 안내해주기도 한다. 그 지점에 당도했을 때 얻는 감정과 느낌은 지도에서 목적지에 도달했을 때 결코 느낄 수 없는 만족감과 충만감이다. 왜냐하면 지도에서의 길은 대부분 남들이 이미 만들어놓은 길인 경우가 많기 때문이다.

어떠한 선택이 되었든 그에 따르는 고통 또는 책임은 본인이 감당해야 한다. 나침반의 방향을 선택해서 한 발짝 내딛는 순간 시련이 시작될 수도 있다. 이럴 경우에 맞닥뜨리는 가장 큰 고통은 경제적 문제이리라. 그런데 이때의 결단은 단지 현실이 버겁고 힘들어서 감행하는 도피적 발상으로 퇴사를 결정해서는 안 된다. 정말 자신을 내던져서 하고픈 것이 있을 때 감행하라고 말해주고 싶다.

그리고 단지 불타는 투지와 의지로만 전환을 시도하는 것이 아니라 어느 정도 기간을 두고 준비를 선행한 다음에 퇴사를 해도 늦지 않다. 무슨 일이든 준비를 충분히 하고 시작했다고 생각했는데도 막상 시작을 하고 나면 그래도 미처 생각하지 못한 부분들이 튀어나오기 마련이기 때문이다.

어느 것 하나 시도해보지 않으면 분명해지지 않는다. 자신의 독립적인 새로운 시도가 성공을 하면 더 말할 나위가 없지만 실패를 하더라도 왜 실패했는지 무엇이 잘못됐는지 분명한 깨우침을 얻는다면 그로서도 충분한 의미가 있으리라. 언젠가는 대면해야 할 문제를 먼저 겪고 가는 것이라 생각하고 툭툭 털고 앞으로 나아가면 되지 않을까.

다른 하나의 생각은 이직을 시도해보는 것이다. 자신이 진정 무엇을 하고 싶은지 모르겠고 마음속에 강렬하게 품고 있는 것이 없다면 다른 회사나 조직으로 옮겨 다른 회사의 문화나 환경에서 일해보는 것이다. 회사라는 조직이 돌아가는 메커니즘과 특징을 한 군데 회사에서의 경험만으로는 명확하게 이해하고 알기 어렵다.

기본적으로 회사는 영리추구라는 목적을 공히 갖고 있기는 하지만 회사마다 차이가 있는 부분이 있다. 창업자의 철학과 역사가 형성해놓은 문화가 다르고, 일하는 방식과 체계가 다르고, 모여 있는 사람들의 성향과 기질이 다르기도 하다. 다른 회사에서 일해보는 경험은 회사라는 조직의 속성과 특징을 더욱 잘 이해하게 되고 때로는 자신의 성격과 개성이 잘 맞아떨어지는 회사를 만나게 될 수도 있다. 무엇을 안다고 하는 것은 그것이 속한 범위를 알아야 하고 그것의 비교 대상을 알아야만 비로소 제대로 알게 되기 때문이다. 이러한 변화의 시도가 자신의 강점과 상황에 잘 맞아떨어지면서 경력에 커다란 도약을 부르기도 한다.

그러나 어느 경우든 경력전환을 했다 할지라도 이따금씩 무기력증 또는 슬럼프가 찾아오곤 한다. 어떠한 영역이 됐든 경제적 욕구나 목표를 추구하다 보면 자기 자신이 고갈되어가고 피폐해짐을 느낀다. 이를 견디거나 극복하기 위해서는 자기 자신을 북돋우고 내면적인 자양분을 공급할 수 있는 근본적인 무언가가 필요하다. 자기 안에서 새살과 근육이 돋아나는 것 같은 느낌의 것들 말이다.

이미 앞장에서 제1의 공간인 집과 제2의 공간인 직장만을 단순 왕복하는 삶이라면 현실에서 주는 압박에 밀려 살기 쉽고 쉬이 무기력해지고 삶에서 탄력을 잃게 된다고 언급했다. 그러한 삶의 패턴에서 벗어나기 위한 제3의 공간의 필요성을 역설했고 그곳에서 활성화되어 있어야 함을 강조했다.

그럼 제3의 공간에서 할 수 있는 제3의 활동에는 무엇이 있는가? 사람에 따라서 다르다. 그냥 멍 때리며 쉴 수도 있고, 친한 친구들을 만나며 소주 한잔 기울일 수도 있고, 음악을 즐길 수도 있고, 그림을 그릴 수도 있고, 등산이든 배드민턴이든 스포츠 활동일 수도 있고, 목공예일 수도 있고, 책을 읽고 글 쓰는 일일 수 있다. 개인적으로 관심의 촉이 가고 하면서 즐겁고 재미가 느껴지고 그 활동을 통해서 무기력했던 자신이 회복되는 일이다.

이웃 블로거의 글을 보게 되었는데 권재원의 『요즘 것들 사전』에 대한 서평을 읽다가 크게 공감이 가는 글을 만나게 되었다. 재미에 관한 글인데 세계적인 재미연구가인 하위징아는 재미를 수동적인 재미와 능동적인 재미로 나눴다고 한다. 똑같이 재미를 느끼는 상태지만 뇌의 활동이 거의 없는 수동적인 상태의 재미와 뇌의 활동이 적극적으로 활발한 상태의 재미는 다르다고 한다.

수동적인 재미는 손쉽게 느낄 수 있다. 즉각적으로 웃음이 만들어지고 즐거운 상태가 된다. 그러나 그 결과 자신의 존재에는 아무런 보탬이 되지 않는다. 예를 들어 TV 예능 프로를 본다거나 친구들과 구름 잡는 이야기들로 깔깔거리며 수다 떠는 시간을 보내는 일이 그러하다. 이렇게 시간을 아무리 많이 보낸다 하더라도 아무것도 기억에 남지 않을 것이다.

그에 반해서 능동적인 재미는 스스로 자신의 삶과 연결 지어 느끼는 재미다. 자신의 존재와 재미의 대상이 일치한 가운데 느끼는 것이기 때문에 그 분야에서 보람과 성과를 낼 수 있다. 수동적인 재미와 같이 즉각적인 파안대소를 만들기보다는 오히려 지루함과 고통을 이겨내며 찾고 만드는 재미이다. 자신의 존재, 즉 자아와 일치하는 재미를 느끼게 되니 설령 무기력증, 슬럼프가 찾아오더라도 그에 밀리지 않는다. 일시적으로 멈칫할 수는 있지만 내면에 건재하고 있는 자아는 굳건하게 버티면서 앞으로 나아가는 힘을 준다.

제3의 공간에서 나만의 활동으로 활성화 되어 있다는 것은 긍정적인 선순환과 파급 효과를 부른다. 제3의 공간에서 자신을 회복시키는 활동과 시간은 그동안 제2의 공간에서 쌓였던 긴장과 압박을 풀어내는 역할을 하고 다시 제2의 공간인 일터로 복귀했을 때 일에 대한 열정과 자세를 살리는 선순환 피드백을 제공한다.

제3의 공간이 가져다준 결실

나 스스로 어떤 제3의 공간을 갖고 있었는지 밝혀보자면 두 가지 다른 결의 공간이 있었다. 하나는 주말마다 친구들과 모이는 공간이 있었다. 앞에서 이미 이야기한 대로 친구들과 함께 하는 당구와 같은 놀이와 술 한잔하면서 벌이는 수다로 채워지는 아지트 같은 공간이 있었다. 또 다른 하나는 책을 읽는 공간이었다. 요즈음 즐겨 찾는 곳은 집에서 가까운 마을 작은 도서관들이다.

결국 독서 이야기를 하게 된다. 내가 경험한 것 중에서, 스스로 침체

되고 가라앉는 느낌으로 힘들더라도 그를 아무렇지도 않게 이겨내는 가장 강력한 수단은 책 읽기였다. 작년 언젠가 블로그에 내가 책을 읽는 이유에 대해 글을 올린 적이 있다. 회사생활 중에 책을 읽기 시작하고 계속 책을 읽는 이유는 현실에 압도당하지 않기 위해서라고 밝혔다. 독서는 현실에 밀려 나락으로 떨어지지 않도록 인생의 변화와 부침浮沈 속에서 나를 다잡아준다.

책을 읽는 이유가 지식 자랑을 하기 위한 건 아니다. 대외적으로 폼 잡기 위한 것은 더더군다나 아니다. 일상생활에서 친구를 만나든 지인을 만나든 책 이야기를 할 기회는 잘 없다. 책 이야기를 했다가는 잘난 체 한다고 핀잔이나 듣던지 분위기만 어색하게 만들 뿐이다. 책에 대해서 누군가가 물어오던가 아니면 별도의 독서모임이 아니면 책에 대해 이야기하기 어렵다. 잘 살아지는 사람은 책이 눈에 안 들어온다. 책 읽는 사람은 지금 삶에 기울기가 있거나 자신의 내면이 불안정하다고 생각하는 사람이다. 그것을 개선하고 바로 잡으려는 것이다.

삶에서 보다 근본적이고 중요한 것은 무언가 바깥으로 드러내서 다른 사람들의 눈길을 흔드는 표피적인 것이 아니라 자기 내면에서 일어나는 생각과 사유의 힘과 이를 행동으로 옮기는 단호함이라고 믿는 사람이 책을 읽는 것이다.

마흔 즈음에 책을 읽기 시작할 때는 주로 동기부여나 삶의 지혜를 주제로 다룬 사회과학 서적을 주로 읽었다. 당시 나의 상황은 사업을 접고 다시 직장생활을 시작한 지 얼마 안 돼서 아직 마음 속 실패의 상처가 완전히 치유되지 않은, 허전하고 공허한 상태였다.

책을 읽으면서 그동안 나의 세상을 보는 눈이 얼마나 많이 헛돌고 있었는지를 깨달았고 한편으로는 마음을 타고 내리는 글들을 만나면서 위안과 기운을 많이 받기도 했다. 이미 감사할 일을 많이 갖고 있는데, 갖고 있지 않은 것만 쳐다보면서 스스로를 힘들게 할 뿐이라는 문장에는 가슴이 크게 데이기도 했다. 오랫동안 그쪽 분야의 책을 읽어서 그런지 지금도 눈길이 가는 책들은 주로 그쪽 분야의 책 또는 역사 관련 책들이다.

그러나 지금은 편식적으로 책을 고르는 경향에서 책의 장르를 다양하게 섭렵하려는 방향으로 가고 있다. 여기에 많은 도움이 되는 것은 독서모임이다. 그 전에는 잘 읽지 않는 소설이라든가 다양한 분야의 에세이 등 여러 장르를 넘나들면서 읽고 있다. 그러면서 또 새로운 지평의 독서의 즐거움을 맛보고 있다. 단지 자기만의 책에 대한 느낌과 소감을 넘어서서 다른 사람들의 다양한 시각과 때로는 공감하면서 때로는 충돌하면서 얻는 재미와 교훈들이 있다.

내가 다니는 독서모임이 있다. 숭례문학당에서 2주에 한 번씩 격주로, 토요일에 진행하는 새벽 독서모임이다. 그 모임을 주재하는 김 선생님은 현재 모 증권회사를 다니면서도 독서와 글쓰기가 취미활동 수준을 넘어 코치나 강사와 같은 독서 전도사 역할을 하고 있다. 그분 말씀이 나이 마흔쯤에 심각한 우울증이 왔었다고 한다. 글쓰기와 책 읽기를 시작하면서 우울증이 극복되었고 삶이 풍성해졌다고 한다. 직장생활도 끈기 있게 할 수 있는 원동력이 되지 않았을까.

숭례문학당에는 나를 포함해서 많은 분들이 책을 포함한 다양한 문화 활동에 참여하고 있다. 이곳에 나오는 모든 분들은 표정이 밝고 분위기는 탄력 있고 활기차다. 마치 물과 영양분이 부족해 기근으로 말라비틀어질 새 없이 꾸준히 물을 주고 퇴비를 줌으로써 잘 관리하는 꽃과 나무같이 항상 파릇파릇하고 생명력으로 피어나는 것처럼.

제3의 공간을 갖고 있는가 그리고 제3의 공간에서 활성화되어 있는가. 이것이 중요한 이유 중 하나가 은퇴 이후의 삶에 큰 영향을 끼치기 때문이라고 앞에서 이야기한 바 있다. 제2의 공간에서의 직업과는 상관없이 제3의 공간에서 자신이 좋아하고 하고 싶었던 일들을 꾸준히 즐기고 활동하면서 축적 해놓은 것들이 은퇴 이후의 삶에서도 지속 가능한 인생 2막의 일거리들로 연결이 된다.

이를 나에게 대입해보면 현역 시절에 제3의 공간에서의 활동인 책을 읽고 정리한 것이 축적되어서 은퇴 이후에 글을 쓰고 책 출간으로까지 연결되었다. 그리고 강연 활동까지 확장이 되었다. 지금은 읽고 쓰고 말하는 일을 마치 오래 전부터 해왔던 일인 양 천직처럼 하고 있다는 게 불현듯 생각해보면 놀랍다. 그리고 잘해내는 것을 보면 더욱 놀랍다.

지금까지 제3의 공간에서는 책을 통해 무기력을 벗어나고 현실을 버텨내고 삶을 포위하듯 살아가는 나의 이야기를 했지만 그것은 반드시 책이어야 하고 독서 모임일 필요는 없다. 사람마다 감성을 자극하고 오감을 열리게 하는 일은 너무 다양하다. 앞에서 은퇴한 어느 은행 지점장의 예를 든 것처럼 클래식 음악과 오페라일 수도 있고 아니면 텃밭을 일구고 공부하며 귀농을 준비하는 제3의 공간일 수도 있다. 그림일 수도 있고 무언가 만드는 일을 너무 좋아해서 목공예를 하는 공방을 제3의 공간을 가진 분도 있을 것이다.

중요한 것은 그것을 하고 있으면 행복해지는 놀이가 되고 기쁨을 느끼는 일이어야 한다는 것이다. 지금은 인생 100세 시대를 이야기하고 있다. 은퇴 이후에도 꽤 긴 세월을 살아야 한다. 어떻게 무엇을 하면서 살아갈 것인가를 생각하면 제2의 공간에서 현역으로 왕성하게 일을 하는 시기에도 제3의 공간에서 나를 어떻게 활성화시킬지 항상 염두에 두고 있어야 한다. 더욱이 지금처럼 장수시대에는 말이다.

앞에서 잠시 언급한 바 있지만 원고를 한참 쓰고 있을 때와 달리 책을 출간하는 지금의 나에게는 큰 변화가 생겼다. 수개월 전, 우리나라 출판계를 대표하는 한 단체에 사무국장으로 다시 직장생활을 시작한 것이다. 퇴직 이후에 3년 반 동안 자유롭게 하고 싶은 것들을 하며 살다가 원래 31년 영업으로 일관한 이력과는 전혀 상관이 없는 분야인 출판 분야로 완전히 경력 전환을 한 것이다.

3년 반 전에는 은퇴할 나이에 이르러 퇴직을 했으니 다시 직장 생활을 연장하는 것은 가능한 옵션이 아니었다. 어디서 오라는 데도 없었고 무언가 사업을 시작하기에도 딱히 연결 지점을 찾기 어려웠다. 그렇다고 제1의 공간인 집에서 스스로를 방치하며 무위도식할 수는 없었다. 마음과 자세의 변화가 필요했다. 그때까지 사회적으로 누리고 향유했던 것을 내려놓고 어깨에서 힘을 빼는 과정이 필요했다. 현직에 있을 때 몰던 고급 승용차 운전자에서 이제는 뚜벅이로, 서류 케이스를 들고 다니던 모습에서 백팩을 매는 모습으로 진화했다. 앞서 표현했던 것처럼 자동차 시동을 끄는 것이 아니라 기어를 고속에서 저속으로 자연스럽게 바꾼 것이다.

뿐만 아니라 내가 주로 머무르고 시간을 보내는 공간과 장소를 크게 바꾸었다. 그곳은 도서관이었고 독서토론 모임이었고 재능기부를 위해 모이는 은퇴자들이 모이는 커뮤니티였다. 현역 시절 회사일로 바쁘게 보내는 와중에도 제3의 공간에서 꾸준하게 자신이 좋아하는 일로 키워오던 것들이 본격적으로 확대되고 활성화된 것이다.

그러면서 한걸음 한걸음 앞으로 내딛다 보니 출판계와 연결이 되었고 우연한 기회에 출판계를 대표하는 사단법인 단체의 사무국을 책임지는 자리에 발탁이 되었다. 내가 3년 반 전 퇴직할 당시에는 지금 근무하게 된 단체의 이름조차 들어본 적도 없었고 존재도 알지 못했다. 더우기 외국계 회사에서의 영업 경력과는 어떤 연결고리도 없는 지금의 출판계에서 일하게 되리라고는 전혀 상상하지 못했었다.

'제 3의 공간'으로의 확장과 '한걸음 더'가 만들어내는 꼬리가 다음 꼬리와 연결이 되어 전혀 예상치 못한 기분 좋은 서프라이즈의 상황을 맞이하게 되었다. 퇴직 후 3년 반의 시간동안 내게 벌어진 일들이 이 책에서 이야기한 주제대로 그대로 적용이 되어 구현되었다 해도 과언이 아닐 정도로 들어맞는다.

이제 출판계 단체의 사무국장으로 공적인 자리에 서게 되었다. 개인적으로 책읽기를 좋아하고 보다 좋은 글을 써보려고 노력하다 보니 바로 그 좋은 콘텐츠를 생산하고 책을 만드는 출판계로 아예 들어오게 되었다. 단지 개인적으로 책을 좋아하는 수준을 넘어선 훨씬 넓고 높은 경지의 일과 활동에 직면하게 되었다. 어떻게 하면 사람들이 더욱 책과 친숙하게 할 수 있을지 독서 진흥을 이야기하게 되고 디지털 융복합시대를 맞아 어떻게 출판 생태계가 도약의 물꼬를 틀 수 있을지 고민하는 자리에 함께 하게 되었다. 여기에 있는 동안 출판계의 발전에 기여를 하고 싶다.

내가 주로 존재하는 공간과 장소가 출판계의 이곳으로 바뀌었다. 이제 나의 인생의 색깔과 결이 어떻게 바뀔까.

| 참고문헌 |

『주경철의 유럽인 이야기』, 주경철, 휴머니스트
『시를 잊은 그대에게』, 정재찬, 휴머니스트
『한국의 황제경영 VS 일본의 주군경영』, 김현철, 21세기북스
『타이탄의 도구들』, 팀 페리스, 박선령, 정지현 공역, 토네이도
『사장의 자격』, 서광원, 걷는나무
바버라 브래들리 해거티의 『인생의 재발견』, 바버라 브래들리 해거티, 박상은 역, 스몰빅인사이트
「우연한 중년」, 문신

집만큼 위험한 곳이 없다

1판 1쇄 2019년 9월 16일

지 은 이 김동현
발 행 인 주정관
발 행 처 북스토리㈜
주 행 소 경기도 부천시 길주로 1 한국만화영상진흥원 311호
대표전화 032-325-5281
팩시밀리 032-323-5283
출판등록 1999년 8월 18일 (제22-1610호)
홈페이지 www.ebookstory.co.kr
이 메 일 bookstory@naver.com

ISBN 979-11-5564-188-0 03190

※잘못된 책은 바꾸어드립니다.

이 도서의 국립중앙도서관 출판시도서목록(CIP)은
서지정보유통지원시스템 홈페이지(http://www.seoji.nl.go.kr)와
국가자료공동목록시스템(http://www.nl.go.kr/kolisnet)에서 이용하실 수 있습니다.
(CIP제어번호 : CIP2019033452)

동시대의 감성과 지성을 담아내는 북스토리(주)

북스토리 | 문학, 예술, 만화, 청소년, 어학
북스토리아이 | 유아, 어린이, 학습
북스토리라이프 | 취미, 요리, 건강, 실용
더좋은책 | 교양, 인문, 철학, 사회, 과학